AF303578

Sebastian Thiel

Zehn Marathons in zehn deutschen Großstädten 2012

Ich will doch nur durchkommen

Impressum

Bibliografische Information der Deutschen Nationalbibliothek:
Die Deutsche Nationalbibliothek verzeichnet diese Publika-
tion in der Deutschen Nationalbibliografie; detaillierte bibliografische Daten sind im Internet über http://dnb.dnb.de ab-
rufbar.

© 2024 Sebastian Thiel

Herstellung und Verlag: BoD – Books on Demand, Nor-
derstedt

ISBN: 978-3-7583-1292-2

Inhaltsverzeichnis

1. Leipzig (22. April 2012)

Berlin, den 23. April 2012

Lieber B.!

Schon oft hatte ich die Idee, in einem Jahr zehn Marathons unabhängig von einem Ironman oder einem Ultralauf zu laufen. Und bestimmt habe ich Dir auch schon oft davon geschrieben. Bisher ist es aber immer bei der Idee geblieben. In diesem Jahr nun hoffe ich auf die Umsetzung. Zusätzlich hatte ich aber auch den Einfall, diese Marathons in den zehn größten deutschen Städten zu laufen. So werde ich vielleicht sogar an den größten deutschen Marathons teilnehmen. Aber es geht mir nicht darum, dass es wirklich die größten, das heißt teilnehmerstärksten Marathons sind, sondern darum, die Städte zu sehen und die Stimmung und was sonst noch dazu gehört zu erleben.

Aus verschiedenen Gründen ist es allerdings gar nicht so einfach, dieses Vorhaben umzusetzen. Laut Internet gehörten im Jahr 2010 Stuttgart (Platz 6) und Dortmund (Platz 8) zu den zehn größten deutschen Städten, aber hier finden keine Stadtmarathons statt. So sind also andere Städte in mein Blickfeld gerückt, beispielsweise Dresden (Platz 11), wo es aber den Oberelbe-Marathon, der von Königstein nach Dresden führt, und den Dresden-Marathon gibt. In diesem Fall habe ich mich für den letztgenannten entschieden, denn es soll sich bei meinem Vorhaben auch wirklich um die Marathons handeln, bei denen man den größten Teil der Strecke in der Stadt läuft. Deshalb werde ich voraussichtlich auch nicht in Essen (Platz 9) laufen, weil der Marathon hier rund um den Baldeneysee verläuft. Außerdem findet dieser Marathon am gleichen Tag wie der Marathon in Bremen (Platz 10) statt. Dieses Problem gibt es unter anderem auch noch bei den Marathons in Hamburg (Platz 2) und in Düsseldorf (Platz 7). Eine Liste mit den

Marathons, die ich jetzt geplant habe, habe ich Dir gesondert aufgeschrieben. So siehst Du auch, wann ungefähr Du einen Brief von mir erwarten kannst.

Die erste Station war nun gestern Leipzig. Aus den schon genannten Gründen rückte Leipzig auf meine Liste, obwohl es sich im Verzeichnis der größten deutschen Städte mit circa 520.000 Einwohnern auf Platz 12 befindet. Von Berlin aus war Leipzig der nächstgelegene Marathon und dadurch mit wenig Fahrzeit und Aufwand verbunden. Am Samstag war ich mit Rupert in weniger als zwei Stunden hingefahren, wir gingen zur Marathonmesse, dann in unsere Unterkunft und am Nachmittag in eine Kneipe, wo wir Nudeln essen konnten und Fußball sehen. Rupert konnte übrigens wegen einer Verletzung nicht laufen, kam aber trotzdem mit. Wahrscheinlich aber wird es der einzige Marathon (außer Berlin) sein, bei dem ich Begleitung hatte.

Zweimal war ich bereits in Leipzig, aber das ist Jahre her. Doch wie vermutet hatten wir schnell einen Überblick und beschlossen, das Auto am Start- und Zielbereich stehen zu lassen und alles per pedes zu erledigen. Mit der Marathonmesse und der Abholung der Unterlagen beginnt ein Marathon. Die Messe aber beschränkte sich auf zehn Stände und außer ein paar Powergels gab es nichts, was ich noch hätte erstehen müssen. Die Nudelparty, hier im Startgeld inbegriffen, ließen wir, da uns die Bundesliga wichtiger war, sausen. Soweit ich über alle zehn Marathons den Überblick habe, wird Leipzig mit 30 € Startgeld übrigens der billigste gewesen sein. Das ist ja auch immer eine Kategorie in der Bewertung von Marathonläufen, die manche Zeitungen am Jahresende zusammenstellen. Inbegriffen im Startgeld war also ein Nudelessen plus Getränk und eine Medaille. Kein T-Shirt wie bei anderen Läufen, was mich wenig schmerzt, da sich hunderte solcher Shirts im Schrank stapeln.

Der Start war dann gestern Morgen um zehn Uhr. Es war bewölkt und sollte 15 Grad warm werden. Ideales Laufwetter, allerdings eingeschränkt von böigem Wind. Mein Plan war, zwischen 3:40 Stunden und 3:50 Stunden zu laufen. Sollte es gut gehen, wollte ich die Zeit von Senftenberg (3:43 Stunden) im Januar unterbieten. Sollte es nicht so gut gehen, wollte ich wenigstens unter 3:50 Stunden bleiben, denn voraussichtlich war dieser Marathon noch der, bei dem ich am besten ausgeruht war. Start und Ziel befanden sich am Zentralstadion. Von dort ging es zwei Kilometer in Richtung Innenstadt, bis wir nach Süden zum Völkerschlachtdenkmal abbogen. Die Prager Straße, die dort hinführt, liefen wir etwa vier Kilometer entlang. Hinter dem Denkmal bei Kilometer 9 bogen wir ab, kamen am Bruno-Plache-Stadion, der Heimstätte von Lok Leipzig, vorbei und befanden uns nach zehn Kilometern wieder auf dem Weg Richtung Innenstadt. Bei Kilometer 12 mussten wir in eine Straße etwa 500 Meter hineinlaufen, wendeten und kehrten zurück. Dann liefen wir durch die Südvorstadt, überquerten einen Nebenarm der Elster, bogen in ein nettes Wohngebiet ein und spürten ab Kilometer 18 das Zentralstadion und den Start- und Zielbereich wieder. Diese Runde war zweimal zu laufen. Auch von Dresden weiß ich, dass ich dort zwei Runden laufen werde und bin gespannt, ob mich ähnliches andernorts auch erwartet. Obwohl also Leipzig und Dresden zu den größten deutschen Städten zählen, reicht es beim Marathon nur zu einer 21-Kilometer-Runde, um weitestgehend im Innenstadtbereich zu bleiben.

Ab dem ersten Kilometer hatte ich mein Umfeld gefunden und behielt den einen oder die andere im Blick beziehungsweise alsbald im Gedächtnis. Ab Kilometer 5 zogen sie nämlich davon. Obwohl ich von Beginn an ein paar Sekunden langsamer als geplant lief, forcierte ich das Tempo im Gegensatz zu ihnen nicht. Der Wind machte es schwer und mein Respekt vor 42 Kilometern ist trotz des 100-Kilometer-Laufes vor vier Wochen noch groß genug. Als wir hinter dem Völkerschlachtdenkmal abbogen, schien der Wind sich mit uns gedreht zu haben und folglich blieb ich in meinem Trott. Auf der Wendepunktstrecke sah ich dann, wie weit meine Mitläufer voraus waren und sagte mir, dass ich alle in der zweiten Runde wiedersehe. Aber schon bei Kilometer 17 legte ich meinen Respekt ab und zog das Tempo an. Vermutlich hatten wir nun auch Rückenwind. Rupert traf ich kurz vor der Hälfte und rief ihm zu, dass ich jetzt ein bisschen Gas gebe. Die Halbmarathonmarke passierte ich knapp unter 1:55 Stunden. Den Abschnitt bis Kilometer 25 lief ich dann fast 20 Sekunden pro Kilometer schneller. Und die Rache kam. Wir befanden uns wieder auf der Prager Straße, auf der „Geraden". Mit Seitenstechen und einigen Schmerzen erreichte ich gerade noch eine Gruppe von vier Läufern und versteckte mich hinter ihnen und vor dem Wind. Beim nächsten Verpflegungspunkt aber blieben sie hinter mir. Doch obwohl ich jetzt nicht mehr so gut lief, holte ich weiterhin einen nach dem anderen Läufer ein. Am Bruno-Plache-Stadion bei Kilometer 30 hatte ich mich schließlich erholt und lief nun sicher einer Zeit von unter 3:50 Stunden entgegen. Doch nach dem Wendepunktteil gab es noch einmal eine Linkskurve und noch einmal mussten wir uns dem Wind entgegenstemmen. Ich wurde wieder ein bisschen langsamer.

Vor dem Start war mir bewusst, dass Leipzig einer der kleinsten (teilnehmerschwächsten) meiner angestrebten zehn Marathons sein würde. 625 Läufer kamen ins Ziel. Trotzdem verläuft die Strecke auf mindestens zweispurigen Straßen. Da waren wir Läufer also gut verteilt und wenn man sich nicht dem Tempo anderer anpasste, lief man eben alleine. Am letzten Verpflegungspunkt hatte ich mich aber noch einmal mit drei anderen zusammengefunden und bis nach Kilometer 40 liefen wir auch gemeinsam. Dann bogen wir auf die Jahnallee ein, überquerten das Elsterbecken und schließlich folgte die letzte Linkskurve. Etwa 300 Meter ging es auf das Ziel zu. Rupert stand an der Seite. Ich winkte und erreichte das Ziel nach 3:48:25 Stunden. Das war also der erste, dachte ich beim Überqueren der Linie.

Ein erstes Fazit: In Leipzig sind noch überwiegend Läufer am Start und nicht jene, die nur einmal Marathon laufen wollen. Um des Laufens willens ein wunderbarer Lauf, um Teil eines großen Spektakels mit vielen Zuschauern zu sein nur bedingt. Nächsten Sonntag geht es in Hamburg weiter. Bis dahin!

Dein S.

2. Hamburg (29. April 2012)

Büchen, den 29. April 2012

Lieber B.!

An der Ortschaft und dem Datum siehst Du, dass ich gerade auf dem Heimweg von Hamburg und dem dortigen Marathon bin. Ich sitze im Zug und außer Leipzig werde ich voraussichtlich jede Stadt so bereisen. Sofern ich dann schon immer so weit bin, kann ich Dir dann auch gleich schreiben. Der Ort wird allerdings, bis ich diese Zeilen fertig gestellt habe, Schall und Rauch sein, denn manches vergeht sehr schnell beziehungsweise passiert manchmal sehr vieles in kurzer Zeit. Als ich meinen Zivildienst in Usingen leistete, nutzte ich einmal die Gelegenheit und fuhr mit einer Kollegin nach Köln. Sie hatte dort etwas zu erledigen und ich hatte Lust, mir die Stadt anzusehen. Nachdem ich eine Weile durch die Innenstadt gelaufen war, ging ich in einen Buchladen und kaufte Kunderas *Das Leben ist anderswo*. Dann setzte ich mich in ein Café und suchte nach den Absätzen, die mich beim ersten Lesen begeistert hatten: *„das Leben ist kurz, und verpasste Gelegenheiten kehren nicht wieder.“* Anschließend lernte ich eine Frau kennen, kehrte aber noch am Abend nach Usingen zurück, da ich ein Treffen mit den Leuten, mit denen ich damals an der Naturpark-Zeitung arbeitete, hatte. Das alles geschah übrigens an einem Werktag, also an einem Tag, an dem man nicht unbedingt etwas Besonderes erwartet.

Weil mir gerade diese Gedanken kamen, wie schnell vieles vergeht und weil mich die Erinnerung heimsuchte, kam ich auf die Frage, welche Tage man eigentlich besonders nennt. Kannst Du mir aus jedem der letzten (zehn oder 20) Jahre einen Tag nennen, der besonders war? Abgesehen von Geburtstagen und Feier- sowie Urlaubstagen. Vielleicht geschieht an zu wenigen Tagen besonderes, oder? So war es damals etwas

Besonderes, als ich morgens zu Hause aufwachte, dann reiste, interessante Menschen traf und am Abend wieder zu Hause war. Aber ich müsste auch eine Weile nachdenken, um Dir weitere Tage aus den letzten Jahren zu nennen, die ich besonders nennen würde. Allerdings kann man sie ja auch nur erkennen, wenn man die meiste Zeit seinen Alltag lebt. So ist also fast immer Alltag, aber ich kann immerhin – das fiel mir jetzt zu guter Letzt ein – jeden Tag, an dem ich eine Stunde Laufen war, auch immer einen besonderen Tag nennen.

Nun aber zum Marathon in Hamburg. Hamburg ist mit knapp 1,8 Millionen Einwohnern die zweitgrößte Stadt in Deutschland und früher fand in Hamburg auch immer unangefochten der zweitgrößte Marathon statt. Doch ich glaube, Frankfurt hat stark aufgeholt. Am Ende des Jahres werde ich es genau wissen. Es war heute mein fünfter Start in Hamburg. Aber da der letzte schon zwölf Jahre zurück lag, war ich natürlich neugierig, was sich geändert hatte beziehungsweise wie meine Erinnerungen an die früheren Läufe in Bezug auf das, was ich erleben sollte und Dir nun schreibe, mich beeinflussen würden.

Ich kam gestern Nachmittag an, fuhr in die Wohnung eines Bekannten, der verreist war, legte meine Sachen ab und machte mich gleich wieder auf den Weg zur Marathonmesse. Im Gegensatz zu Leipzig war jeder größere Sportartikelhersteller mit einem Stand vertreten und einige Veranstalter machten Werbung für ihre Läufe. Als ich meine Unterlagen hatte, verabredete ich mich mit meinem Cousin, der gerade auf dem Weg zur Messe war und auch mitlaufen wollte. Weil ich ja ansonsten alleine unterwegs war, drehte ich mit ihm und seiner Freundin noch eine zweite Runde über die Messe. Dann ging ich nach Hause, aß und schlief.

Heute Morgen war es wegen meines Alleinseins sehr ruhig. Ich fand in der Wohnung kein Radio, das mich aufgemuntert hätte und ging nach dem Frühstück gleich los. Gegen acht Uhr, eine Stunde vor dem Startschuss, erreichte ich die Station St. Pauli und den Start- und Zielbereich. Nun befand ich mich im Trubel von fast 13.000 Marathonläufern, aber gerade in solch einem Trubel fühlt man das Alleinsein manchmal noch mehr. Mir machte das aber nichts aus. Ich zog mich um, gab die Sachen ab und folgte der Masse zum Start. Schon als ich aus dem U-Bahnhof ausgestiegen war, hatte mich irritiert, dass es nirgendwo Hinweisschilder gab. Der ganze Start- und Zielbereich befand sich rund um das Heiligengeistfeld am Millerntorstadion. Doch auf welcher Seite der Start und das Ziel waren, fand man nur heraus, indem man denen folgte, die es aus den Vorjahren wussten.

Etwa 20 Minuten vor dem Start stand ich schon in meinem Block. Ich war etwas müde und nicht besonders motiviert. Doch ich dachte, dass die Motivation einerseits während des Laufens kommt und andererseits daran, dass dies eben mein Projekt war, nach einer Woche schon wieder einen Marathon zu laufen. Wenigstens die Neugierde, wie ich mich fühlen würde und wie ich den Lauf verkraften und überstehen würde, war da. Das Gute am Startschuss ist immer, dass man sich ab nun keine Fragen mehr über Form und Gefühl stellt, sondern dass sie bald beantwortet werden. Ich startete übrigens aus dem gleichen Block wie mein Cousin. Doch wir hatten uns nicht verabredet, sondern es dem Zufall überlassen, ob wir uns noch einmal trafen. Nach etwas mehr als zwei Minuten hatte ich die Startlinie überquert und dachte mir, dass es schön wäre, wenn ich im Ziel eine „3" auf der Stundenanzeige sehen würde. Mit den zwei Minuten Nettovorteil, würde ich dann eine ganz ordentliche Zeit unter vier Stunden haben.

Schon der erste Kilometer führte über die Reeperbahn und ich weiß, dass ich auch schon früher gedacht habe, warum man hier nicht nach Kilometer 30 entlangläuft, um dann die

Stimmung dort erleben zu dürfen. Hinter der Reeperbahn wurde es etwas ruhiger und kurz danach tauchte mein Cousin neben mir auf. Da er eher ein Schnellstarter ist, war ich gespannt, wie lange er Geduld haben würde, mit mir zu laufen. Doch wir redeten nicht weiter darüber, sondern über Familie und andere Läufe. Übrigens hatte ich gleich nach dem Zieleinlauf letzte Woche in Leipzig gedacht, dass ich froh sein kann, wenn ich den Marathon in Hamburg in etwa 4:10 Stunden beende. Aber das Tempo der ersten Kilometer lief auf eine Zeit von knapp unter vier Stunden hinaus, so wie ich es mir beim Überqueren der Startlinie ersonnen hatte.

Nach Kilometer 5 bogen wir auf die Elbchaussee ein und die Stimmung wurde immer famoser. An den Landungsbrücken zwischen Kilometer 10 und 12 standen die Zuschauer in Fünferreihen. Es war beeindruckend und so, wie ich es von meinen letzten Starts in Erinnerung hatte. Dann durchliefen wir den Elbtunnel und kamen zur Binnenalster zu Kilometer 15. Ab hier spürte ich mein Knie, hatte Schmerzen auf der Innenseite, von denen ich nicht wusste, wie lange ich sie ignorieren konnte. Noch immer liefen mein Cousin und ich Seite an Seite, aber erst bei Kilometer 18 an der Außenalster, erzählte ich ihm von den Schmerzen. Wenn man Schwäche zugibt, ist es das erste Anzeichen eines Einbruchs. Doch ich wollte ihn auch davor bewahren, allzu lange mit mir zu laufen und seinem Traum von einer Zeit unter vier Stunden nicht im Wege stehen.

Gestern auf der Hinfahrt saß ich übrigens in einem Sechs-Mann-Abteil. Wobei es eben gestern und zu dieser Stunde ein Fünf-Frau- und Ein-Mann-Abteil war. Zwei Frauen waren aufgrund ihres Alters uninteressant, zwei weitere immerhin interessant, die letzte jedoch beinahe atemberaubend. Als wir uns nebeneinandergesetzt hatten, schloss ich schnell die Augen und begann zu träumen. In solch einem Traum-Schlafzustand habe ich beim kurzzeitigen Erwachen manchmal das Gefühl, dass all meine Gedanken aus meinem Hirn herausgepurzelt sind und meine fiktiven Unterhaltungen für alle hörbar waren. Doch erst als wir in Hamburg ankamen, richteten sie und ich das erste Wort aneinander, denn sie verabschiedete sich von mir und ich mich von ihr. Und dann lächelte sie und dann lächelte ich und jeder ging seines Weges. Kurz vor der Halbmarathonmarke dachte ich daran, dass ich sie jetzt gerne an der Strecke sehen würde und die Schmerzen wären für einen Moment vergessen.

Die erste Hälfte hatten wir dann in knapp unter 1:58 Stunden absolviert. Mir war klar, wenn das Knie hielt, hielt ich auch dieses Tempo durch. Nach Kilometer 25 wurde es dann mit den Zuschauern wieder extrem. An einem S-Bahnhof standen sie so dicht, dass wir Mühe hatten beieinander zu bleiben. Etwa bei Kilometer 31 war es noch einmal so. Jetzt erinnerte ich mich, dass bei meinem letzten Start hier an diesen Punkten auch immer Cornelia gestanden hatte. Damals waren wir das erste Mal gemeinsam zu einem Marathon gefahren. Aber auch ich hatte einmal einen Freund hier begleitet und als Zuschauer an diesen Punkten gestanden. So ist also in Hamburg die Stimmung an vier, fünf Punkten außergewöhnlich, weil die Zuschauer dorthin strömen. Aber es gibt auch immer wieder längere Abschnitte, wo kaum etwas los ist. So verhielt es sich nämlich auf den nächsten Kilometern. Mein Cousin und ich stellten fest, dass man jetzt doch einsam wäre, würde es einem beschissen gehen. Wir waren aber bis Kilometer 35 kaum langsamer geworden. Ich hatte nur an den zwei letzten Verpflegungspunkten kurze Gehpausen eingelegt, um das Knie zu entlasten. Diese Zeit holten wir bis Kilometer 40 aber wieder auf, denn dies war unser schnellster Abschnitt. Auf diesem Teilstück sah ich auch einen Mann neben einem Campingtisch stehen. Auf dem Campingtisch standen zwei Flaschen Bier.

Hinter dem Campingtisch saß eine Frau in einem Campingstuhl und klatschte eifrig. Ich sah sie, sah auf die zwei Flaschen Bier und sah wieder die Frau an. Sie erwiderte meinen Blick und lachte. Und ich lachte auch. Vielleicht werde ich irgendwann mal meine Rolle mit ihrer tauschen. Am Eppendorfer Baum bei Kilometer 37 war dann die Stimmung auf dem Siedepunkt. Die Zuschauer wurden von einem DJ und seiner Musik so aufgeheizt, dass man kaum noch wusste, wo man hinsehen sollte und was man noch aufnehmen konnte. Kurz danach sahen wir dann den Messeturm. Mein Cousin machte mich darauf aufmerksam. Ich versuchte, noch einmal das Tempo zu forcieren. Denn ich hatte schon zwei Marathons in 3:56 Stunden beendet und wollte gerne diese Zeit unterbieten. Mein Cousin sagte nach dem Zieleinlauf, dass er auf den letzten beiden Kilometern vollkommen am Limit war. Dann erblickten wir nach einer letzten Linkskurve das Ziel. Leider fand ich das Areal rund um das Heiligengeistfeld zu industriemäßig. Aber klar, es bot Platz und die Zuschauertribünen waren ja voll. Die letzten 200 Meter liefen wir über einen roten Teppich, der so grell war, dass man die Augen zukneifen musste. Nach 3:56:33 Stunden lief ich an der Seite meines Cousins ins Ziel. Damit ist das die erste Zeit, die ich bei einem Marathon zum dritten Mal erreicht habe.

Als ich den Zielstrich überquert hatte, fühlte ich mich froh, glücklich und zufrieden. Aber überschwänglich war ich nicht. Vermutlich erreiche ich das Ziel erst, wenn ich den zehnten Marathon beendet habe. Und hoffentlich überkommen mich die Erinnerungen an alle neun Zieleinläufe vorher und vielleicht dann auch ein Schrei der Befreiung, dieses Vorhaben umgesetzt zu haben.

Nach Zieleinlauf und Dusche und vor der Abfahrt saß ich noch am Hauptbahnhof mit Hamburger und Kaffee und dachte (mal wieder), als ich all die Menschen sah, dass man als

Berliner manchmal glaubt, woanders kann es gar nicht mehr so viele Menschen geben, denn Berlin ist ja schon immer so voll. Doch anderswo gibt es genauso viele Menschen. Überall Menschen. Und in Duisburg wird es wohl genauso sein. Dort bin ich in drei Wochen.

Dein S.

3. Duisburg (20. Mai 2012)

Berlin, den 22. Mai 2012

Lieber B.!

Als ich in Duisburg am Hauptbahnhof ausstieg, waren dort nicht so viele Menschen, wie ich noch in Hamburg überlegt hatte. Auch nachdem ich eine Station mit der S-Bahn weitergefahren war, um zu meiner Unterkunft und zum Sportpark Wedau zu gelangen, war es leer. Dabei liegt Duisburg in der Liste der deutschen Großstädte mit knapp 490.000 Einwohnern im Jahr 2010 auf Platz 15. Ebenso durchliefen wir nach dem Start am Sonntagmorgen menschenleere Straßen. Das erinnerte mich an Leipzig und auch an andere Läufe, bei denen ich morgens in Straßenschluchten unterwegs war. Man könnte glauben, eine Epidemie oder eine andere Katastrophe hat die Menschheit dahingerafft und dass es nur noch verlassene und leerstehende Häuser und Wohnungen gibt, wie in einem Utopie-Roman. Zu einem späteren Zeitpunkt allerdings – und das habe ich auch noch nie in dieser Form erlebt – wurden die Fenster der Wohnungen geöffnet, die Menschen schauten heraus und applaudierten auch. Aber es lehnten eher fünf Menschen auf ihren Fensterbänken und sahen uns Marathonläufer hinterher, als dass auch nur einer vor dem Haus auf der Straße stand.

Glücklicherweise hatte ich ein Appartement in unmittelbarer Nähe zum Start- und Zielbereich gefunden, legte nach meiner Ankunft nur meine Sachen ab und ging gleich hinüber. Zwischen der Regattastrecke, einer Schwimmhalle und einem Leichtathletikstadion liegt das Wedaustadion, in welchem der Zieleinlauf war und die Marathonmesse stattfand. Auf dem Weg traf ich nur einen anderen Läufer und die Messe war noch kleiner als die in Leipzig. Obwohl es Samstagnachmittag war, tummelten sich also auch hier kaum Leute. Da sich für

Halbmarathon, Marathon, Staffelläufe und Inliner-Rennen mehr als 7.000 Leute gemeldet hatten, war ich wieder mal überrascht. Nach ein paar Minuten hatte ich meine Startnummer und alle anderen Informationen beisammen, ging einkaufen und kochte. Da ich wieder alleine unterwegs war, konnte ich nur mich selbst befragen, wie es mir ging beziehungsweise mein Gefühl für den Lauf erforschen. Einerseits war ich guter Dinge, dass ich spätestens nach zehn Kilometern in Duisburg und im Lauf angekommen sein würde. Andererseits spürte ich eine gewisse Müdigkeit und auch Unsicherheit wegen meines noch immer vom Hamburg-Marathon schmerzenden Knies. Die Müdigkeit resultierte übrigens nicht nur aus den vielen Läufen im Frühjahr, sondern auch von den letzten Arbeitswochen her. So war ich auch nicht erbaut darüber, dass die Bayern abends noch eine Verlängerung und ein Elfmeterschießen spielten.

Als ich am Sonntagmorgen die Wohnung verließ, merkte ich schon, dass es warm werden würde. Doch bis zum Start und die ersten eineinhalb Stunden des Laufes zog es sich noch einmal zu und blieb angenehm. Nach dem Start der Halbmarathonläufer um neun Uhr wurden wir 20 Minuten später losgeschickt. Vorher erklang noch Springsteens *Born to Run* aus den Lautsprecherboxen, und ich freute mich darauf, dass ich es in der nächsten Woche dreimal live hören werde. Trotzdem war ich noch immer nicht angekommen. Die ersten 3 Kilometer befasste ich mich mit meinem Knie und den Schmerzen. Doch als ich merkte, dass ich ein ähnliches Tempo wie in Hamburg lief, vergingen sie.

Leider kann ich Dir nicht so viel von der Strecke wiedergeben. Denn natürlich ist alles fremd und unbekannt, wenn man eine Stadt zum ersten Mal besucht. Auf den ersten Kilometern überquerten wir die Ruhr und liefen lange durch den Containerhafen. Schon beeindruckend, aber auch monoton und vollkommen zuschauerfrei. Zwar gab es einige Sambagruppen, wie angekündigt worden war, doch bei weitem nicht so viele wie versprochen. Immerhin spielten sie eher auf der ersten Hälfte der Strecke, als es noch weniger Zuschauer gab. Nach dem Lauf las ich, dass es insgesamt 60.000 Zuschauern gegeben haben soll. Doch sie tummelten sich meist mehr um die Verpflegungsstellen herum. Und lass es mal 20.000 gewesen, so wie es in Berlin vielleicht 300.000 sind, wenn immer von einer Million gesprochen wird.

Nach Kilometer 15 kamen wir nach Homberg-Ruhrort, vielleicht so eine Art Vorstadt von Duisburg. Zur Halbmarathonmarke liefen wir auf einer verkehrsfreien Straße wieder entlang des Rheins und ich fühlte mich an den Radweg des Oberelbe-Marathons erinnert. Meine Zeit lag zur Hälfte bei knapp über 1:57 Stunden. Noch war ich optimistisch, dieses Tempo halten oder sogar noch ein bisschen steigern zu können. Beim 100-Kilometer-Lauf begann ab Kilometer 80 das Fliegen, dachte ich. Also könnte ich auch hier bald damit beginnen. Nach etwa 26 Kilometern überquerten wir auf einer riesigen Brücke den Rhein zum zweiten Mal. Unter uns weite Wiesen und grasende Pferde, dahinter der Rhein und dahinter wieder Hafen. Eine coole Ansicht.

Nun wurden die Läufer um mich herum langsamer. „Catch me if you can", stand auf dem T-Shirt von einem. Ich konnte. Zwei andere, die ich überholte, bemerkten, dass es nun unangenehm warm wurde. Ja, auch ich spürte es, dachte aber, dass es mir mit der Form, die ich zurzeit habe, nichts ausmachen würde. Pustekuchen. Bei Kilometer 28 war der Ofen aus. Ich wurde pro Kilometer knapp 30 Sekunden langsamer. Schon bei Kilometer 30 wurde ich von der Gruppe überholt, die unter vier Stunden laufen wollte. Es war mal wieder Zeit zu spüren, wie kaputt man sein kann und wie man leiden muss. Irgendwann dachte ich auch an den Triple-Ultra-Triathlon und daran, dass ich mich dort zehn oder auch zwanzig Stunden in diesem Zustand befinden werde. Bei Kilometer 35 versuchte ich, mich ein letztes Mal aufzuraffen. Ich hatte noch 40 Minuten Zeit, um doch unter vier Stunden zu bleiben. Wenn ich jetzt das Tempo wieder ein bisschen steigere… es ging nichts mehr. Ich kämpfte mich durch die Düsseldorfer Straße, ganz in der Nähe meiner Unterkunft und dann wurden die Straßen auch immer mehr schattenfrei. Sobald ich eine Ecke erreicht hatte, sah ich nur wieder eine kilometerweit erscheinende Straße im blanken Sonnenlicht. Darauf stolperten ein paar Läufer und ich hinter ihnen her. Dass es den meisten anderen auch nicht besser ging, war das einzig Gute. Obwohl ich die zweite Hälfte am Ende 13 Minuten langsamer gelaufen war, habe ich vermutlich kaum Plätze in der Gesamtwertung verloren. Schade fand ich, dass mich dieser Einbruch in Duisburg erfasste. Natürlich ist und wäre es auch bei jedem andern Lauf schade, aber ich hatte große Erwartungen an diesen Marathon. Nach 20 Jahren Schimanski-Gucken wollte ich hier unbedingt mal starten. Auf meiner Liste von Wettkämpfen, an denen ich noch unbedingt teilnehmen will, ist es auch einer der wenigen „normalen" Marathonläufe in Deutschland gewesen, der darauf stand. Leider kam auch keine richtige Freude auf, als ich Kilometer 41 erreicht hatte, das Stadion sah und mir sagte, dass ich nun schon Marathon Nummer drei von zehn geschafft habe. Man kann wohl auch zum Freuen noch zu kaputt sein. Immerhin, ich finde es großartig, den Zieleinlauf in einem Stadion zu haben und konnte dann dort nach 4:07 Stunden stehen bleiben.

Das Positive war, dass ich mich nach einer Viertelstunde schon wieder sehr gut erholt hatte. Schnell musste ich unter die Dusche, zum Bahnhof und zurück nach Berlin. Die Zugfahrt allerdings war anstrengender als der ganze Lauf. Nachdem schon auf der Fahrt von Hamburg die Klimaanlage ausgefallen war, reichte jetzt im IC die Anlage wohl nicht aus, um

die Luft abzukühlen. Außerdem war ein anderer Zug ausgefallen und meiner dadurch überfüllt. Wenn ich am Ende des
Jahres meine zehn Marathonläufe geschafft habe, werde ich,
glaube ich, auch Bilanz ziehen müssen, wie es war, mit der
Bahn überallhin zu reisen. Im Moment tendiere ich dazu, ein
Auto zu kaufen. Lass es Dir gut gehen. Ich melde mich im Hin-
blick auf die Marathons wieder im September aus Münster.

Dein S.

4. Münster (9. September 2012)

Berlin, den 10. September 2012

Lieber B.!

Als ich mich im Winter mit der Idee beschäftigte, zehn Marathons in deutschen Großstädten zu laufen, sah ich mich immer alleine unterwegs. Nun war ich in Leipzig mit meinem Bruder und in Hamburg traf ich meinen Cousin und lief sogar gemeinsam mit ihm. Erst den Duisburg-Marathon nahm ich von Beginn an alleine in Angriff. Jetzt beim vierten Marathon, den ich in Münster gelaufen bin, war mein Vater dabei. Als er von meinem Plan hörte, wollte er diese Fahrt gerne mit dem Besuch bei Verwandten verbinden. So werde ich nach dem letzten Marathon nicht nur auf die Städte, die Reisen und natürlich den Marathon zurückblicken, sondern auch auf die Umstände, die sich ergaben.

Wir waren mit dem Auto unterwegs und nach einem kurzen Abstecher nach Münster am Samstagmittag, um die Startunterlagen abzuholen, verließen wir die Stadt schnell wieder, um zu unseren Verwandten weiterzufahren. Mein erster Eindruck der Stadt war nicht unbedingt positiv. Eine Ringstraße führt um die Innenstadt, doch ob auf dem Ring oder innerhalb unterwegs, überall war viel Autoverkehr. Gleichfalls waren aber auch viele Radfahrer zu sehen, wie es sich für eine Stadt gehört, die dafür bekannt ist. Weitere Gedanken machte ich mir aber noch nicht, sondern wartete lieber auf den Lauf am Sonntag. Übrigens liegt Münster mit knapp 280.000 Einwohnern im Jahr 2010 auf Platz 22 in der Liste der deutschen Großstädte und wird die kleinste Stadt gewesen sein, die ich in Verbindung mit einem Marathon besucht habe.

Am Sonntagmorgen um sieben Uhr ging es von unseren Verwandten aus wieder los. Eine Stunde später erreichten wir Münster und wiederum eine Stunde später um neun Uhr war der Start. Da ich Dir über meinen Abszess ausführlich geschrieben habe, will ich heute nur noch erwähnen, dass er mich in den sechs Wochen, die seit dem Triple-Ultra-Triathlon vergangen sind, noch eine Weile am Training gehindert hat. Da außerdem 30 Grad vorausgesagt worden waren, rechnete ich mit einer Zeit von 4:20 Stunden.

Dass Münster keine besonders große Stadt ist, hatte ich auch beim Blick auf den Streckenplan bemerkt. Nach zehn Kilometern, die kreuz und quer durch die Innenstadt führten, waren wir bald am Aasee im Südwesten angelangt. Von dort ging es weiter nach Nienberge (Kilometer 21) und Roxel (Kilometer 30), zwei Vororte. Aber auch die ersten zehn Kilometer reichten nicht, um einen Eindruck der Stadt zu bekommen. Es war so verwinkelt und es wurden so viele Abkürzungsmöglichkeiten über Bürgersteige geboten, dass man immer Obacht geben musste. Wer es darauf anlegt, kann in Münster den Marathon wahrscheinlich um einen halben Kilometer verkürzen. Hinter dem Aasee dämmerte mir dann bald, dass ich in der Tat keinen Stadtmarathon erwarten konnte. Ich fühlte mich eher an den Bremen-Marathon erinnert, den ich vor vielen Jahren einmal lief und der damals als „Marathon durch Stadt und Land" angepriesen wurde. Vielleicht hätte mich der Marathon trotzdem begeistern können, da ich Landschaftsläufe ja fast lieber mag. Aber spätestens nach Kilometer 20 stand die Sonne so hoch am Himmel, dass das Laufen auf einer Landstraße zwischen Feldern hindurch, nicht sehr viel Spaß machte. Da ich aber tatsächlich von Beginn an mit einem Tempo, welches auf 4:10 Stunden hinauslief unterwegs war, verkraftete ich das noch besser als viele andere.

Bei vielen Marathons sind so genannte Brems- und Zugläufer unterwegs. Die beiden, die eine Zeit von vier Stunden laufen sollten, hatte ich nach fünf Kilometern aus den Augen verloren. Bei Kilometer 35 überholten mich dann die zwei, die 4:15

Stunden anstrebten. Ich war mir sicher, dass sie zwei Minuten zu schnell waren, denn auch ich lief noch dieser Zeit entgegen. Kurz nachdem sie an mir vorüber waren, machten aber auch sie eine Gehpause. Ich holte sie wieder ein und bekam mit, dass einer nicht mehr konnte. Während sich dann der andere wieder in Bewegung setzte, band der erste seinen Luftballon, der die Zeit von 4:15 Stunden angab, vom Arm und ließ ihn fortschweben. Da davon auszugehen ist, dass sie erfahrene Läufer sind, tat gut zu merken, dass auch sie die angestrebte Zeit nicht immer erreichen. Als ich ein paar Kilometer später auch noch einen Brems- und Zugläufer mit Zielzeit 3:45 Stunden überholte, freute ich mich noch mehr.

Trotz dieser positiven Erlebnisse suchte ich noch nach weiterer Motivation, um mich auch auf den Zieleinlauf zu freuen. Aber es gelang nicht recht. Noch bei Kilometer 39 hatte ich das Gefühl, von der Innenstadt und somit auch vom Ziel weit entfernt zu sein. Allerdings lag das nicht an den Zuschauern, denn die waren vor allem rund um die Verpflegungsstellen in großer Anzahl vorhanden. Auch habe ich selten so viele hübsche Frauen am Straßenrand stehen sehen. Die Zuschauerzahl multiplizierte sich auf den letzten beiden Kilometern sogar noch. Auf der Zielgeraden standen sie in Fünferreihen und machten Lärm, wie ich ihn bisher nur in Berlin erlebt habe.

Als ich schon das Ziel sah, schwankte allerdings ein Läufer vor mir beträchtlich zur Seite. Dann war ich neben ihm und sah, dass er kaum noch bei Sinnen war und stütze ihn. Einen Moment lang dachte ich, dass ich ihn über die Ziellinie schleppen könnte. Aber er war nicht mehr imstande, einen Schritt nach vorne zu tun. Eine Läuferin half mir und gemeinsam zogen wir ihn zum Straßenrand, wo sofort Zuschauer begannen, sich um ihn zu kümmern. Uns schickten sie weiter ins Ziel. Das erreichte ich durch diese kurze Unterbrechung gerade noch drei Sekunden unter meiner bis heute langsamsten Zeit nach 4:16:12 Stunden.

Das war Münster. Würde man mir jetzt die Augen verbinden, mich in Münster aussetzen und die Augen wieder frei machen, würde ich nicht wissen, in welcher Stadt ich bin. Aber es ist schwer einzuordnen, wie viel Schuld daran die Stadt trägt und wie viel Schuld die Begleitumstände tragen. Münster macht auch mit dem Slogan „Der Lauf der Emotionen" Werbung. Außerdem prägt das Marathon-Logo die Silhouette der Stadt. Ich weiß nicht, wie sie auf den Slogan kamen und habe keines der Gebäude des Logos wahrgenommen. Aber wie gesagt, wahrscheinlich meine Schuld. Trotzdem zog Münster mehr Läufer an als Leipzig und Duisburg. Knapp 2.200 erreichten das Ziel. Für eine faire Anmeldegebühr von weniger als 50 € gab es hier neben der Medaille auch ein Finisher-Shirt. Außerdem war die Nudelparty kostenfrei und Marathonmesse, Startunterlagenausgabe sowie Umkleide- und Duschmöglichkeiten in einer Schule in unmittelbarer Nähe von Start und Ziel untergebracht.

Den nächsten Marathon in Karlsruhe in zwei Wochen werde ich übrigens auch nicht von Anfang bis Ende alleine in Angriff nehmen, sondern mit einem Besuch bei meiner Schwester und ihrer Familie verbinden.

Dein S.

5. Karlsruhe (23. September 2012)

Berlin, den 26. September 2012

Lieber B.!

Vielleicht fand in Karlsruhe der Marathon statt, von dem ich am wenigstens erwartet hatte. Er rutschte in meine Liste aus den Gründen, die ich Dir im ersten Brief genannt habe und weil es sich anbot, ihn mit einem Besuch bei meiner Schwester und ihrer Familie zu verbinden. Nach Münster war Karlsruhe die zweitkleinste Stadt, die ich im Rahmen meiner Marathonreise besucht habe oder noch besuchen werde. Knapp weniger als 300.000 Einwohnern hatte Karlsruhe im Jahr 2010 und lag damit auf Platz 21 in der Liste der deutschen Großstädte.

Am Samstag begleitete mich meine Schwester mit Kindern zur Marathonmesse und Startunterlagenausgabe. Die Messe war nach der in Hamburg die größte, die ich in diesem Jahr besucht habe. Aber leider wurde auch hier in der Europahalle, in der alles stattfand, so laute Musik gespielt, dass man sich nicht unterhalten konnte und wir mehr oder weniger fluchtartig die Halle wieder verließen. Die Größe der Messe überraschte insofern, als dass nur circa 1.500 Marathonläufer gemeldet waren. Aber durch mehr als 5.000 Halbmarathonläufer, knapp 500 Staffeln à drei Läufern und ein paar Hundert, die an Walkingwettbewerben teilnahmen, ergab sich eine Teilnehmerzahl von insgesamt wohl an die 10.000.

Dies bemerkte ich vor allem am Sonntagmorgen beim Start. Ich durfte in der ersten Hälfte um neun Uhr starten. Doch es dauerte mehr als fünf Minuten, bis ich die Startlinie überquert hatte. So lange hatte ich noch nirgendwo gebraucht; ich glaube, nicht einmal beim Berlin-Marathon mit der vierfachen Teilnehmerzahl. (Nächsten Sonntag, wenn der Berlin-Marathon stattfindet, werde ich es genau vergleichen können.)

Leider kann ich Dir nicht berichten, dass durch dieses Auseinanderzerren beim Start ein freies Laufen auf den ersten Kilometern möglich war. Es dauerte noch drei oder vier Kilometer, bis sich das Feld sortiert hatte. Ich hatte aber auch den Fehler gemacht und mich hinter die Vier-Stunden-Zugläufer eingereiht. Hinter diesen bildet sich immer solch eine Traube, dass ein Vorbeikommen kaum möglich ist. Bei Kilometer fünf hatte ich es aber geschafft.

Der Start war übrigens neben der Europahalle, etwas südlich der Innenstadt gelegen, erfolgt. Von dort liefen wir Richtung Osten bis zum Stadtteil Durlach. Eben in dieser Richtung ereignete sich gestern ein Unfall, bei dem eine Autofahrerin eine rote Ampel überfuhr, in ein anderes Auto krachte und selbiges in eine Menschenmenge schob, die an einer Straßenbahnhaltestelle wartete. Zwei Tote und sechs Schwerverletzte soll es gegeben haben. Am Sonntagmorgen nach unserem Start war die Welt noch in Ordnung gewesen und vielleicht hatten sogar einige, die gestern dort auf ihre Straßenbahn warteten, hier am Straßenrand gestanden und uns Marathonläufern Beifall geklatscht.

Auf diesem Abschnitt verließen wir auch schon Karlsruhe, was ein großes Schild am Straßenrand anzeigte. Ich war gespannt, ob mich ein ähnlich ländliches Flair wie in Münster erwarten würde. Durlach, einst eigenständig, ist aber heute ein Stadtteil von Karlsruhe und dort zwischen Kilometer sieben und neun war eine Menge los. Es folgten drei Kilometer, die uns zwischen einem Tierpark und dem Erlachsee nach Rüppurr führten. Anschließend ging es wieder durch Grün, bis wir schließlich bei Kilometer 17 nach Norden abbogen und zurück in Richtung Europahalle liefen. Entlang der Südtangente der Stadt erreichten wir das Start- und Zielgelände, wo die Halbmarathonläufer abbogen und wir Marathonläufer alleine blieben.

Kurz vor Kilometer 20 hatte mich die Gruppe der Vier-Stunden-Läufer wieder überholt. Einer dieser Läufer schien so verzweifelt, an der Gruppe dranbleiben zu müssen, dass er mir in die Hacken trat. Ich war verärgert und fluchte, weil ich wusste, dass ich noch immer im Tempo von weniger als vier Stunden unterwegs war und somit die Zugläufer ein wenig zu schnell waren. Es hätte dieses Gerangel nicht geben müssen. Kurz forcierte ich mein Tempo, um vor ihnen zu bleiben. Doch dann gab ich nach und ließ sie im Bewusstsein ziehen, dass ich schnell genug lief, um auch unter vier Stunden zu bleiben. Im Abstand von etwa 100 Metern blieb ich hinter der Gruppe, passierte die Halbmarathonmarke in 1:59:23 #Stunden und winkte meiner Schwester und ihrer Familie bei Kilometer 22 zu, wo wir uns verabredet hatten.

Ich hatte schon in den Tagen vor dem Start ein gutes Gefühl und es ist schön, wenn man nicht enttäuscht wird. Nach dem Münster-Marathon vor zwei Wochen hatte ich mich bei jedem Training ein bisschen lockerer gefühlt. Daher ahnte ich, dass eine Zeit unter vier Stunden möglich war. Doch die Probleme nach Lensahn und die allgemeine Müdigkeit ließen mich noch vorsichtig sein. Wegen der Müdigkeit ist auch in den letzten zwei Jahren Gisbert zu Knyphausens *Erwischt* eines meiner Lieblingslieder geworden. Denn die vorletzte Zeile lautet: *„So müde am Frühstückstisch"*. Auch wer nicht wie ich um drei Uhr aufsteht, von vielen Freunden höre ich oft, dass sie müde sind, Erholung brauchen, Urlaub und so weiter. Die Müdigkeit, ein Zustand, finde ich, welcher andere Gefühle oft noch verstärkt. In den Sinn kam mir das, als ich neulich gegen halb acht vom Laufen nach Hause kam. Ende September ist es um diese Uhrzeit schon fast wieder dunkel. Ich mag es nicht über Dunkelheit zu schimpfen, denn ich bin viel mehr ein Freund des Herbstes und Winters als des Sommers. Aber vielleicht ist es so, dass man am Tage – sprich im Hellen – erwartet, dass etwas passiert. Oder man hält es immerhin für möglich, dass etwas passiert. Während man im Dunkeln, also abends und nachts nicht mehr davon ausgeht, dass noch etwas Besonderes passiert. Denke an meinen Brief, den ich Dir nach dem Hamburg-Marathon geschrieben habe. Wie viele Tage gibt es eigentlich, an denen etwas Besonders passiert? Wir nehmen die Dunkelheit und die damit einhergehende Schwermut hin für diese ein oder zwei Tage im Jahr, an denen etwas Besonderes geschieht. Oder wenn man wie ich Glück hat und zehn Marathons im Jahr laufen will, eben zehn Tage. Als ich jetzt aber kurz vor dem Dunkelwerden vom Laufen nach Hause kam, dachte ich (mal wieder) wie verrückt das alles ist. Für ein oder zwei Tage im Jahr… Besser als Helmut Krausser in *Die letzten schönen Tage* kann man es vermutlich nicht formulieren: „[…] *es geht so weiter, bis es nicht mehr weitergeht. Einfach ist das und grausam und gut.*"

Daher war ich auf den ersten Kilometern noch relativ unsicher unterwegs. Wenn ich mal ein Kilometerschild übersah, zweifelte ich, ob es noch kommen würde. Auch schienen mir die ersten Kilometer immer ein bisschen länger. Sonst habe ich ja ein gutes Gefühl und kann, glaube ich, fünfeinhalb Minuten zu Boden gucken, um genau in dem Moment hochzuschauen, in dem ich wieder einen Kilometer absolviert habe. Dieses Gefühl fehlte mir bis zur Hälfte noch weitestgehend. Auf der zweiten Hälfte kehrte es sich aber um. Plötzlich war ein Kilometer immer viel schneller vorbei, als ich es erwartete. Fünf Kilometer liefen wir an der Südtangente entlang, wie mir scheint so eine Art grüner Gürtel in Karlsruhe. Ein asphaltierter Radweg entlang eines Flusses oder Kanals. Als wir dann wieder in eine Straße abbogen und im Bereich der Universität unterwegs waren, konnte ich die Vier-Stunden-Gruppe erneut überholen und endgültig hinter mir lassen. Die zweiten zehn Kilometer hatte ich schon eine halbe Minute schneller als die ersten zehn Kilometer absolviert. Nun hatte ich mich bis Kilometer 30 noch einmal gesteigert. Ich hatte keine Zweifel mehr, in weniger als vier Stunden im Ziel zu sein. Bei Kilometer 33 liefen wir auf das Schloss zu und in den Schlossgarten hinein. Ich überholte locker und leicht, lief hier einen Kilometer mit einem anderen zusammen, bis auch er mir nicht folgen konnte. Im Schlossgarten gab es einen kurzen Wendepunktkurs, an dem auch der letzte Wechsel der Staffeln stattfand. Es war wieder eine Menge los und ich betrachtete zufrieden, wie weit ich einige, die lange um mich herum gewesen waren, zurückgelassen hatte.

Nach Kilometer 36 verließen wir das Schlossgelände wieder und kamen in die Innenstadt Karlsruhes. Begeistert nahm ich den Beifall der Zuschauer auf, begeistert sah ich die Tanzenden auf den Bühnen. Denn in Karlsruhe findet während des Laufes auch der so genannte Tanzmarathon statt. Vorher wusste ich damit nichts so recht anzufangen. Doch ähnlich wie es beim Duisburg-Marathon mit Sambabands gehalten wurde, verhielt es sich hier mit Tanzgruppen. Auf Bühnen entlang der ganzen Strecke waren immer verschiedene Einlagen zu bewundern: Hip Hop, Break Dance, chinesischer Löwentanz, Schleier- und Bauchtanz, Flamenco, argentinischer Tango, brasilianischer Samba, Standardtanz und Disco Fox. Von der Wirkung einiger Frauen, die ich auf den Bühnen sah, muss ich nicht schreiben.

So lief ich (flog fast wieder) Kilometer 40 und dem Ziel entgegen. Nach dem Hamburg-Marathon habe ich Dir geschrieben, dass ich dort zum dritten Mal eine Zeit von 3:56 Stunden gelaufen war. Als ich Kilometer 40 erreicht hatte und sah, dass ich eineinhalb Minuten schneller als auf den vorherigen zehn Kilometern war, wusste ich, dass ich diese Zeit nun nicht noch einmal laufen, sondern unterbieten würde. In Höhe der Europahalle sah ich meine Schwester und ihre Familie, winkte, war begeistert, jetzt aber auch müde. Ich hatte auf den letzten Kilometern alles herausgeholt. Dann bogen wir ins Beiertheimstadion ab und liefen dort die letzten 200 Meter ins Ziel. Nach 3:55:04 Stunden kam ich an. Glücklich, die Fäuste kurz geballt. Marathon Nummer 5 geschafft. Die erste Hälfte der Marathonreise erfolgreich absolviert. Kurze Gedanken an den Berlin-Marathon in einer Woche und ob ich es dort bereuen werde, mich in Karlsruhe nicht etwas zurückgehalten zu haben. Aber vieles macht nur halb so viel Spaß, wenn man zu weit vorausschaut.

Dein S.

6. Berlin (30. September 2012)

Berlin, den 1. Oktober 2012

Lieber B.!

Wer in Berlin zehn Marathonläufe erfolgreich beendet hat, wird Mitglied des Jubilee-Clubs. Bei mir war das im Jahr 2005 der Fall. Dieser Club hat auch eine Internetseite, auf der jedes Mitglied mit dem Datum seines ersten Berlin-Marathons und mit seiner Bestzeit aufgelistet ist. Außerdem kann man sein schönstes Berlin-Marathon-Erlebnis aufschreiben. Mir fiel damals nichts ein, was ich unbedingt veröffentlichen wollte. Denn das schönste Erlebnis beim Berlin-Marathon hatte ich, als ich Rupert 1999 auf dem Fahrrad begleitete. Ein Unterfangen, welches wegen der Läufermasse gar nicht so einfach war. Ich blieb weitestgehend in seiner Nähe und immer, wenn er ein Getränk wollte, fuhr ich ein paar Meter voraus, um dann zu warten und es ihm zu überreichen. An diesen Punkten war auch immer wieder eine Läuferin, die gewissermaßen meine Unterstützung von Rupert beobachtete und miterlebte. Und immer wieder lächelten wir uns an und immer wieder hatte ich auch durch sie das Gefühl, dass ich bei einer guten Sache dabei war und etwas Gutes tat.

Daher war ich vorher gespannt, was ich Dir jetzt nach meiner 14. Teilnahme schreiben würde und hatte heute die Idee, Dir die einzelnen Kilometer zu beschreiben. Da ich mich ja in keiner anderen Stadt und bei keinem anderen Marathon so gut auskenne, kann ich an einzelnen Orten festmachen, was mir durch den Kopf ging und wie ich mich fühlte. Außerdem kann ich so vielleicht auch Dir, Deine Heimatstadt ein bisschen in Erinnerung rufen.

Der Start erfolgte zwischen Brandenburger Tor und Siegessäule wie seit 2003. Rupert und ich hatten beschlossen, erstmal gemeinsam zu laufen. Er hatte nicht so viel trainiert und ich spürte doch noch den Karlsruhe-Marathon in den Knochen und hatte außerdem seit zwei Tagen wieder mit der Entzündung am Arm zu kämpfen. Als wir in unserem Startblock standen, fragte eine Amerikanerin Rupert nach der Anzahl seiner Marathons und erzählte sofort, wie viele sie schon gelaufen war. Ich hörte nicht weiter zu. Als um neun Uhr der Startschuss erfolgte, geschah nichts, denn wir wurden erst mit der zweiten Welle losgeschickt. So dauerte es neun Minuten, bis wir unterwegs waren, also doch länger als in Karlsruhe. Kilometer eins erreichten wir an der Siegessäule Doch das Schild stand falsch, denn wir waren noch nicht einmal seit fünf Minuten unterwegs. Am Charlottenburger Tor, wo bis 2003 der Start erfolgt war, erreichten wir Kilometer zwei und sahen nun, dass wir im Tempo von sechs Minuten pro Kilometer liefen, so wie wir es uns vorgenommen hatten. Mein Arm schmerzte. Doch langsam fand ich eine Höhe und einen Abwinklungsgrad, in dem es auszuhalten war. Ich verfluchte nur jeden Läufer, der uns überholte und gegen meinen Arm stieß. Hinter dem Ernst-Reuter-Platz war Kilometer drei. Hier lief Rupert das erste Mal ein paar Meter voraus, ließ sich aber wieder zurückfallen. Bei Kilometer vier erreichten wir Moabit und kurz nach Kilometer fünf den U-Bahnhof Turmstraße. Als ich 1989 das erste Mal beim 25-Kilometer-Lauf von Berlin teilgenommen hatte, hatte ich hier 16 Kilometer hinter mir und war sehr kurz davor gewesen, in die U-Bahn einzusteigen. Hätte ich das damals getan, würde ich Dir heute keine Briefe über das Laufen schreiben. Kilometer fünf hatten wir übrigens nach knapp mehr als 30 Minuten passiert.

Dann liefen wir die Straße Alt-Moabit entlang und erreichten bei Kilometer sechs den Abzweig zur Invalidenstraße. Früher mein Fahrradweg zwischen Schöneberg und dem Prenzlauer Berg, heute noch, wenn ich manchmal quer durch die Stadt von meiner Arbeitsstelle in Hohenschönhausen zu meinen Eltern nach Zehlendorf fahre. Bei Kilometer sieben waren wir im Regierungsviertel angekommen, wo ich es auf einer einzigen Fahrbahn zu eng für 40.000 Läufer fand und über die Rempeleien immer wieder den Kopf schüttelte. Bei Kilometer acht bogen wir in die Friedrichstraße ein, wo ich am Abend vorher im Berliner Ensemble *Der Gott des Gemetzels* gesehen hatte. Wir erreichten die Torstraße und Kilometer neun. Hier hatte ich im letzten Jahr vor dem Triathlon in Lensahn meinen Sponsor getroffen. Außerdem hatten hier schon manchmal Freunde gestanden. Gestern aber sahen wir keine Bekannten. Rupert war zwischendurch noch ein paar Mal einige Schritte vorausgelaufen und kurz schimpfte ich. Wenn er schneller laufen wolle, soll er es sagen und ich würde mitziehen. Doch wir wussten beide, dass das nicht gut gehen würde und blieben zusammen. Am Rosa-Luxemburg-Platz war Kilometer zehn. Wenn ich nicht mitgelaufen war, hatte ich hier ein paar Mal als Zuschauer gestanden, denn es ist der nächstgelegene Ort zu meiner Wohnung. Auf den zweiten fünf Kilometern waren wir übrigens neun Sekunden schneller als auf den ersten fünf. Bei Kilometer elf waren wir in der Nähe des Alexanderplatzes und kurz vor Kilometer zwölf erreichten wir den Strausberger Platz.

Im Jahr 2008 lief ich nach zwei Jahren Pause wieder beim Berlin-Marathon mit und war damals sehr beeindruckt von den Zuschauermassen hier. Gestern war hier auch einiges los, doch insgesamt war ich auf der ersten Hälfte eher enttäuscht. Es ist bemerkenswert, wie sich das Zuschauerbild im Laufe der Jahre ändert. Ich hatte das Glück, 1989 noch beim letzten Berlin-Marathon mitzulaufen, der nur durch den Westteil führte. Glück nenne ich es, weil ich so die Veränderungen der nächsten Jahre laufend erlebte. Die Höhepunkte damals waren die Schloßstrasse in Steglitz bei Kilometer 30, der Wilde Eber in Zehlendorf bei Kilometer 36 und natürlich der Zieleinlauf auf dem Ku'damm. Das änderte sich Anfang der 90er Jahre noch nicht. Im Osten, wo man immer die ersten Kilometer lief, war wenig los; im Westen wesentlich mehr. Ich glaube, erst seitdem das Ziel am Brandenburger Tor ist, hat sich das geändert. Am Strausberger Platz übrigens stieß mal wieder ein Läufer gegen meinen Arm. Da Rupert und ich ja Seite an Seite liefen, war ich erstaunt, wie viele trotzdem genau zwischen uns hindurch wollten. Eine Weile blickte ich dem Läufer mit einem Eschweger Vereinstrikot böse hinterher.

Bei Kilometer 13 überquerten wir die Spree, liefen durch die Heinrich-Heine-Straße und um den Moritzplatz herum. Im letzten Jahr hatte Rupert als Zuschauer mich hier verpasst oder ich als Läufer ihn. Dann kamen wir nach Kreuzberg und erreichten bei Kilometer 15 das Kottbusser Tor. Vor zwei Jahren lief ich mit einem Freund, der damals seinen ersten Marathon bestritt. Damals regnete es vom Start weg, bis wir im Ziel waren. Ich weiß noch, wie enttäuscht ich über die wenigen Zuschauer war und dass es mir für den Freund leidtat, dass er so wenig Stimmung mitbekam. Diesmal war aber wieder etwas mehr los. Den Kottbusser Damm entlang blieb es so, an der Hasenheide bei Kilometer 17 war aber wieder enttäuschend wenig los. Früher waren die vielen Bekannten, die zum Berlin-Marathon meine Eltern besuchten, auch immer hier. Diese Bekannten laufen nicht mehr, begleiten nicht mehr andere Läufer und einige sind auch schon gestorben.

Bei Kilometer 18 passierten wir den Südstern und bogen nach Kilometer 19 in die Yorckstraße ein. Wie seit Jahren standen hier wieder zwei Südamerikaner mit indianischem Kopfschmuck und spielten auf ihren Flöten. Insgesamt soll es auf der Strecke mehr als 30 Bands geben. Einige nimmt man wahr, denn durch sie herrscht wirklich eine besonders gute Stimmung; aber von vielen bekommt man oft gar nichts mit. Unter den Yorckbrücken und am U-Bahnhof war die Stimmung wieder gigantisch. Wie in Hamburg, so gibt es natürlich auch in Berlin die Orte, die für Zuschauer am besten zu erreichen sind. Einer davon ist hier. Kilometer 21 und dann die Halbmarathonmarke erreichten wir nach 2:06:20 Stunden kurz bevor wir in die Potsdamer- und dann in die Grunewaldstraße einbogen. Schon ein paar Mal hatten Rupert und ich abwechselnd bemerkt, dass unsere Beine schwerer wurden. Aber da man höchstens drei Kilometer läuft, bis man wieder etwas zu trinken oder zu essen bekommt, hielten wir unser Tempo bei. Nach Kilometer 22 erreichten wir den U-Bahnhof Eisenacher Straße und damit den U-Bahnhof, an dem ich bei meinem ersten Marathonversuch 1988 ausgestiegen war. Diesmal liefen wir vorbei und begannen nach Kindheitserinnerungen zu suchen, denn hier habe ich, wie Du weißt, meine Kindheit und Grundschulzeit verbracht. Bolle ist weg, der Zeitungsladen einer Mutter von einem Klassenkameraden Ruperts ebenso. Aus dem Möbelgeschäft an der Ecke Grunewaldstraße/Martin-Luther-Straße ist ein Café geworden. Aber unser Fußballnetz auf dem Wartburgplatz stand noch, wenn auch die Torwand fehlte. Schließlich liefen wir bei Kilometer 23 am Rathaus Schöneberg vorbei und bogen bei Kilometer 24 in die Hauptstraße ein. Damit hatten wir unser Revier verlassen. Unter der Brücke am Innsbrucker Platz war durch eine Percussion-Band wie immer eine großartige Stimmung, die sich auf die Läufer übertrug. Beobachten viele auf den ersten Kilometern vielleicht eher noch das Treiben am Straßenrand, so kommt man ab Kilometer 25 in den Rausch des Laufes. Danach folgte für mich einer der wichtigsten Punkte des Berlin-Marathons. Schon immer stehen hier auf einem Balkon in der ersten Etage meist jüngere Menschen und feiern mit Rockmusik. Der Balkon ist auch mit Hinweisschildern zum Marathon aus vielen vergangenen Jahren geschmückt.

Wir überquerten den Breslauer Platz und erreichten Kilometer 25, bevor wir Richtung Südwestkorso abbogen. In den letzten zwei oder drei Jahren hatte ich immer versucht, eine möglichst gute Zeit zu laufen und hier regelmäßig einen Einbruch gehabt. Zwar fühlte ich mich auch jetzt nicht mehr frisch, doch wir hatten zum Glück von Anfang an das richtige Tempo gewählt. Am Südwestkorso bei Kilometer 26 war ich das erste Mal wirklich von den Zuschauern beeindruckt. In Fünferreihen standen sie und geleiteten uns um die Kurve. Über die Lentzeallee erreichten wir Kilometer 27 und 28 und langten am Wilden Eber an. Noch immer ein beeindruckender Moment, aber gegenüber all den Jahren, in denen hier wirklich der absolute Höhepunkt des Berlin-Marathons war, ist die Stimmung deutlich zurück gegangen. Über die Rheinbabenalle und Kilometer 29 kamen wir zum Roseneck. Schön war, dass Rupert und ich ja auch mehr als vier Stunden Zeit hatten uns zu unterhalten. Immer mal wieder fiel einem von uns etwas ein, was er dem anderen schon länger erzählen wollte. Ein Teil der Unterhaltung drehte sich auch um den Hohenzollerndamm, denn hier findet im Januar stets meine liebste Laufserie statt. Dort erreichten wir auch Kilometer 30 nach 3:00:10 Stunden. Bei Kilometer 32 verließen wir den Hohenzollerndamm, liefen über den Fehrbelliner Platz Richtung Konstanzer Straße und erinnerten uns daran, dass früher hier der letzte Verpflegungspunkt, den unser Vater leitet, war. Wir überlegten, dass nun noch drei solcher Punkte vor uns lagen, bis wir also diesen letzten Verpflegungsstand erreichen würden, den unser Vater noch immer leitet. Kurz nach Kilometer 33 bogen wir dann auf den Ku'damm ein.

2003 war ich sehr unglücklich über die Veränderung der Strecke gewesen. Man konnte nun nicht mehr die letzten eineinhalb Kilometer über den Ku'damm dem Ziel entgegenfiebern und -fliegen, sondern hat seitdem hier die allgemein schwersten Kilometer eines Marathons zurückzulegen. Wir aber waren gut unterwegs, konnten unsere Schmerzen unterdrücken und das Tempo leicht steigern. Gerne wäre ich die zweite Hälfte wieder einige Sekunden schneller gelaufen als die erste, denn das spricht immer für eine gute Einteilung. An der Gedächtniskirche bei Kilometer 35 waren wir dann auch das erste Mal knapp unter einem Tempo von sechs Minuten pro Kilometer. Doch auf den nächsten zwei Kilometern über den Nollendorfplatz hinweg schwächelten wir beide. Der Abzweig bei Kilometer 37 in die Potsdamer Straße hinein Richtung Potsdamer Platz tröstete uns zwar, denn nirgendwo standen mehr Zuschauer, doch wir verständigten uns nur noch, unter meiner Zeit vom Münster-Marathon vor drei Wochen bleiben zu wollen. An der Philharmonie bei Kilometer 38 vorbei und dem Potsdamer Platz bei Kilometer 39 entgegen. Massig Zuschauer, beste Stimmung, bestes Wetter mit Sonnenschein und knapp 20 Grad, aber drei, vier Kilometer am Ende eines Marathons können so schmerzen. Wären wir nicht gemeinsam unterwegs gewesen, so hätten wir uns die eine oder andere kleine Pause gegönnt, waren Rupert und ich uns einig. Schließlich bogen wir bei Kilometer 40 von der Leipziger Straße ab und erreichten den letzten Verpflegungspunkt, wo unsere Eltern fleißig Wasser und Iso ausschenkten. Wie immer für mich einer der schönsten Augenblicke beim Berlin-Marathon. Denn ich weiß ja auch, wie sehr sich unsere Eltern freuen, wenn wir vorbeikommen und sie wissen, dass wir durchgehalten haben. Schließlich noch ein kurzes Zickzack, bis wir Unter den Linden einbogen. Wegen diverser Baustellen diesmal schon in Sichtweite zum Brandenburger Tor. Der eine Becher Wasser, den ich bei meinen Eltern mehr getrunken hatte, drückte mir auf den Magen und ich konnte nicht mehr zulegen. Und dann endlich durchs Brandenburger Tor hindurch und dem Ziel entgegen. Ich versuchte noch einmal, die

Zuschauer und die Begeisterung aufzunehmen. Ich versuchte noch einmal, mich zu freuen, dass ich Marathon Nummern sechs geschaffte hatte. Doch was schrieb ich aus Duisburg? Man kann manchmal auch zum Freuen zu kaputt sein. Nach 4:14:29 Stunden waren wir im Ziel. Immerhin knapp zwei Minuten schneller als in Münster.

Wenn man sich müde und ausgelaugt fühlt und außerdem noch ein paar schmerzende Stellen hat, ist es vielleicht einfacher, bei einem kleineren Marathon wie in Karlsruhe zu laufen, dachte ich danach. Man hat mehr Ruhe um sich herum. Den Berlin-Marathon zu genießen ist schwer, wenn man viel mit sich selbst beschäftigt ist. So hat immerhin die Erinnerung abgelenkt. Und ob es tatsächlich bei einem kleineren Marathon einfacher ist, werde ich mal wieder nächste Woche testen. Denn ich glaube nicht, dass ich mich ausgeruhter fühle, wenn ich dann in Bremen unterwegs bin.

Dein S.

7. Bremen (7. Oktober 2012)

Berlin, den 9. Oktober 2012

Lieber B.!

Ein Freund hatte sich entschlossen, nach Bremen mitzukommen und auch den Marathon zu laufen. Am Samstagmittag fuhren wir mit dem Zug los, waren drei Stunden später in Bremen, gingen von Hauptbahnhof zehn Minuten bis zur Startunterlagenausgabe und gleich weiter zu unserer Unterkunft. Nach einem schnell erledigten Einkauf, kochten wir Nudeln und saßen pünktlich zur Sportschau vor dem Fernseher. Wir unternahmen nichts weiter, standen am Sonntagmorgen um sieben Uhr auf und fuhren gegen halb Neun zum Start.

Zweimal war ich bereits in Bremen. 1991 bin ich hier beim Vorgänger des heutigen Marathons mitgelaufen, der damals im April stattfand, durch Stadt und Land führte, wie ich Dir neulich schon geschrieben habe und in der Stadthalle endete. Das zweite Mal war ich vor circa drei Jahren in Bremen und besuchte unter anderem ein Fußballspiel. An einige Straßen und Ecken erinnerte ich mich jetzt. Ansonsten ist zu Bremen zu sagen, dass es in der Liste der deutschen Großstädte mit knapp 550.000 Einwohnern im Jahr 2010 auf Platz 10 lag. Von der Größe her ist Bremen also mit Leipzig und Duisburg vergleichbar, was sich auch im Erreichen aller für uns wichtigen Orte zeigte, denn alles konnte zu Fuß und in wenigen Minuten erledigt werden. Auch der Lauf an sich kann mit den Marathonläufen in diesen Städten verglichen werden. Etwa 1.100 kamen auf unserer Strecke ins Ziel. Fast 2.800 liefen beim Halbmarathon mit und etwa 1.700 bei einem Zehn-Kilometer-Lauf. Von letztgenannten bekamen wir so gut wie nichts mit, vom Halbmarathon dagegen schon. Aber das werde ich Dir gleich noch berichten.

Unser Start erfolgte um 9:45 Uhr. Ich hatte mich weit hinten eingereiht, überholte in der ersten halben Stunde beständig und war bei Kilometer neun mal wieder an die vier-Stunden-Zugläufer herangelaufen. Nach einem kurzen Moment des Zögerns überholte ich auch sie. Scheinbar hatte ich mich vom Berlin-Marathon gut erholt und mein Arm schmerzte auch nicht mehr. Warum sollte ich also nicht in meinem Rhythmus bleiben, wenn er auch schneller war, als ich es erwartet hatte.

Auf den ersten fünf Kilometern waren wir eine Runde durch die Bremer Innenstadt gelaufen und nach einer Unterführung in Richtung Werdersee abgebogen. Nach dem schon in der Unterführung ein DJ Musik aufgelegt hatte, erschallte auch am Werdersee laute Musik. Als ich vorbeikam, spielte er AC/DC und meine Stimmung war bestens. Bei Kilometer 7 befanden wir uns am nordwestlichen Ende des Sees, überquerten den Zulauf durch die Weser mittels einer Brücke und liefen anschließend zwei Kilometer am See entlang. Man hatte jetzt schon eine Weile das Gefühl, die Stadt verlassen zu haben. Doch Habenhausen, das wir kurz vor Kilometer zehn erreichten, ist seit 1946 ein Ortsteil Bremens. Wie mir schien, wohnen dort meist gut situierte Menschen, denn wir liefen vor allem an einzelnstehenden Häusern vorbei. Das wichtigste aber, die meisten Einwohner standen vor ihren Häusern und beklatschten uns. Ebenso verhielt es sich in Hastedt, dem nächsten Ortsteil, den wir bei Kilometer 15 erreichten. Von hier aus bis etwa Kilometer 30 liefen wir durch Schwachhausen und Horn, grüne Bezirke Bremens, würde ich sagen, ähnlich wie Zehlendorf und Köpenick in Berlin. Hier passierte ich auch die Halbmarathonmarke in exakt 1:58 Stunden.

Was mir sehr gut gefiel und generell an den kleineren Läufen gefällt, sind die Zuschauer. In Bremen standen sie fast an der gesamten Strecke entlang in einzelnen Reihen beziehungsweise in Gruppen. Es ist nicht diese Masse, die zum Beispiel in

Berlin zwar beeindruckt, aber teilweise auch nur auf Dich ein-
wirkt. In Berlin hat mich nicht ein Zuschauer persönlich ange-
sprochen, in Bremen aber, wo - wie überall - Dein Name auf
der Startnummer steht, taten dies bestimmt, fünf oder sechs
Mann. So hast du persönliche Kontakte und nickst, winkst
oder lächelst.

Kurz vor dem Bürgerpark, in den wir bei Kilometer 27 einbogen, trafen wir dann auf die Halbmarathonläufer. Sie waren
etwa eineinhalb Stunden nach uns gestartet und 15 Kilometer
liefen wir nun auf gleicher Strecke. Ich geriet genau in die letzten von ihnen und hatte also plötzlich etwa 2.500 Läufer vor
mir. Natürlich waren die schnellsten schon bald im Ziel, aber
die langsameren „sammelte" ich ein. Bis ins Ziel überholte ich
circa 600. Das motivierte zwar einerseits, andererseits aber
wurde es manchmal sehr eng und kostete mich manch zusätz-
lichen Meter. Vor allem nachdem wir den Bürgerpark verlassen hatten, am Hansator vorbei waren und im Speicher I durch
den Eingangsbereich liefen, musste ich zu sehen, dass ich genügend Platz fand. Neben dem Abstecher durchs Weserstadion, der bei Kilometer 38 folgte, war dies ein besonderer Moment des Bremer Marathons. Man hatte eine Treppe mit einer
Rampe überbaut, schickte uns zehn Meter durch dieses Haus
und auf der anderen Seite – ebenfalls über eine Rampe – wieder hinaus. Leider konnte ich durch meine Überholvorgänge
keinen Blick zur Seite werfen. Was mir in Erinnerung geblieben ist, ist die Musik, die uns dann erwartete. Denn hier nun
schallte die beste Ballermann-Musik aus Boxen.

Schließlich kamen wir bei Kilometer 34 an die Uferprome-
nade der Weser und liefen im ersten Teil unterhalb der Altstadt entlang. Ich war wieder dabei, die zweite Hälfte schneller
als die erste zu laufen und sogar dabei, meine Zeit aus Karlsruhe zu unterbieten. Ich sehnte das Weserstadion herbei, da
ich wusste, dass es dahinter vier Kilometer lang fast nur noch

geradeaus ins Ziel ging. Immer weiter lief ich im Zickzack durch die Läuferreihen und erblickte dann auch das Stadion. Als wir eingebogen waren, begrüßte uns ein Sprecher, aber auf den 200 Metern durch das Stadion standen genau zwei Zuschauer. Eine kuriose Idee, uns durch ein menschenleeres Stadion laufen zu lassen. Dahinter folgte die vorletzte Verpflegungsstelle. Dann suchte ich vergeblich die letzten Kilometerschilder. Doch auf dem Osterdeich, der Straße, auf der wir von den letzten vier Kilometern drei zurücklegten, sah ich keines mehr. Ich gab alles, um nach 3:53 Stunden im Ziel zu sein, denn diese Zeit war ich noch nie gelaufen. Doch erst beim 20-Kilometer-Schild für die Halbmarathonläufer konnte ich feststellen, dass es sehr knapp würde. Vielleicht lag es am Wind, der uns seit dem Weserstadion entgegen blies und wie vorausgesagt worden war, zugenommen hatte. Vielleicht lag es auch an den Läufern, die ich weiterhin überholen musste. Nach der Unterführung, die wir auch zu Beginn durchlaufen hatten, bogen wir ab und dann war ich kurz davor, kotzen zu müssen. Scheiß drauf, sagte ich mir deshalb. Ich versuchte, die letzten 300 Meter in Richtung Ziel zu genießen. Doch jetzt war ich wirklich fertig. Ich lief die zweite Hälfte eineinhalb Minuten schneller als die erste, blieb aber eine halbe Minute über der Zeit, die ich mir zwischendurch ausgemalt hatte und überquerte also schließlich nach 3:54:26 Stunden die Ziellinie.

Nie hatte ich nach dem Berlin-Marathon gedacht, dass ich mich eine Woche später wieder um 20 Minuten steigern würde. Nie hätte ich gedacht, dass ich beim siebten meiner zehn Marathons und dem dritten an drei Sonntagen hintereinander meine zweitbeste Zeit innerhalb dieser Serie laufen würde. Somit kann ich auch feststellen, dass mir das Laufen bei solchen Veranstaltungen besser gefällt und oft auch leichter fällt als bei der Massenveranstaltung Berlin-Marathon. Trotzdem werde ich vermutlich in Berlin auch im nächsten

Jahr wieder mit annähernd 40.000 Läufern unterwegs sein, denn es ist nun mal meine Heimat, wenn ich auch manchmal an Seligs Song *Der schönste aller Wege* denken muss. In diesem heißt es: *„Dies ist meine Heimat, doch ich leb hier nicht mehr gerne."* Diese Zeile drückt so wunderbar den Zwiespalt zwischen Heim- und Fernweh aus.

Jetzt freue ich mich erstmal auf München am nächsten Sonntag, circa 600 Kilometer Luftlinie von Bremen entfernt. Eigentlich hatte ich in Köln starten wollen, aber davon nächste Woche mehr.

Dein S.

8. München (14. Oktober 2012)

Berlin, den 17. Oktober 2012

Lieber B.!

Weil ich die Anzahl der Zuschauer und ihr Verhalten zwischen Berlin und Bremen verglichen habe, will ich jetzt auch München hinzuziehen. Denn eine Stunde nach meinem Zieleinlauf saß ich dort im Olympiastadion, sah die Läufer, die nach etwa fünf Stunden ins Ziel kamen und der Ansager erzählte, dass in diesem Jahr 20 Prozent mehr Zuschauer an der Strecke gezählt wurden. Ich dachte, 20 Prozent mehr als Null ist immer noch Null. Natürlich ist das übertrieben, aber wenn man in der drittgrößten deutschen Stadt startet, hat man eben andere Erwartungen.

Vor dem Start bei der Kleiderabgabe hatte ich mich mit einem Läufer unterhalten, der erzählte, dass er in Berlin nicht mehr starten würde, weil es ihm zu voll sei und man deswegen dort keine gute Zeit laufen kann. Eine Aussage übrigens, die ich schon öfter gehört habe. Köln dagegen habe ihm sehr gut gefallen, erzählte er weiter. Die Zuschauer dort seien einmalig. Ich erwiderte, dass ich auch überlegte hatte, ob ich in Köln oder in München laufen sollte. Aber wenn diese Läufe nun mal am gleichen Tag stattfinden, muss man eine Entscheidung treffen. Aufgrund der Zuschauer könnte ich jetzt sagen, dass ich die falsche getroffen hatte. Aber Anfang September war ich mit zwei Freunden beim Köln-Triathlon in einer Staffel am Start. Da ich auch schon vorher zweimal in Köln war, entschied ich mich nicht dort, sondern in München Marathon zu laufen. Schließlich liegt München auch in der Liste der deutschen Großstädte mit circa 350.000 Einwohnern mehr einen Rang vor Köln. Außerdem war ich in

München bisher immer nur am Hauptbahnhof und fuhr von dort zu einem Springsteen-Konzert ins Olympiastadion oder in die Olympiahalle und hatte von der Stadt nie viel gesehen.

Die Zugfahrt musste ich um 8:30 Uhr antreten, um gegen 15 Uhr anzukommen. Vom Hauptbahnhof erreichte ich in zehn Minuten mein Hotel. Die Gegend erinnerte stark an Kreuzberg, viel Verkehr und viele herumwuselnde Menschen, meist mit ausländischem Hintergrund. Mein Zimmer hatte eine Größe von etwa sechs Quadratmetern und bevor ich mir zu viele Gedanken machte, wie ich dort einen gemütlichen Abend verbringen konnte, fuhr ich zur Marathonmesse. Zwei Stunden später aber, als ich zurückkam, wusste ich schon, nach dem Sex-Shop kommt die Kneipe, dann das Leihhaus, der Schmuckhändler und dahinter mein Hotel. Dass man so schnell eine Verbindung findet, eine, die einen sich heimisch fühlen lässt, das mag ich an diesen Kurztrips auch.

Nach Berlin und Hamburg war München mit 6.100 Läufern im Ziel der drittgrößte Marathon meiner bisherigen Stationen. Dies bemerkte ich bei der Ausgabe der Startunterlagen. Aber neben den Marathonläufern waren auch 4.100 Läufer bei einem Halbmarathon, 2.600 bei einem Zehn-Kilometer-Lauf und 1.400 in Staffeln dabei. Die Messe sowie der Start fanden übrigens am Olympiastadion statt, der Zieleinlauf war dann im Stadion selbst.

Am Samstagabend fielen mir wegen einer anstrengenden Arbeitswoche schon früh die Augen zu. Am Sonntag stand ich um sieben Uhr auf und fühlte mich einigermaßen. Um 10:10 Uhr startete ich in der zweiten Welle. Da ich mich die Woche über läuferisch gut gefühlt hatte, stellte ich mich selbstbewusst vor die Vier-Stunden-Zugläufer. Ja, diese Brems- und Zugläufer scheinen sich wie ein roter Faden durch meine Briefe zu ziehen. In Karlsruhe hatte ich gegenüber meiner Schwester über sie geschimpft und meine Unzufriedenheit dahingehend geäußert, dass sich so viele verzweifelt an ihre Fersen heften, statt auf ihr Gefühl zu hören. Meine Schwester allerdings meinte, dass sie dadurch eine Orientierung hatte, wann ich kommen würde. Na, wenn immerhin die Zuschauer etwas davon haben…

In München jedenfalls spürte ich auf den ersten Metern keine Leichtigkeit, sondern alles andere als das. Ich konnte die Beine kaum heben und bekam nur schwer einen Fuß vor den anderen. Schon auf dem ersten Kilometer überholte mich der erste Vier-Stunden-Zugläufer, kurze Zeit später der zweite. Sie liefen in einem Abstand von etwa 200 Metern, was ganz klug war, denn so wusste jeder, der sich zwischen ihnen aufhielt, dass sein Tempo in Ordnung war.

Nach knapp drei Kilometern bogen wir südlich der Münchner Freiheit in die Ludwigstraße ab und liefen auf das Siegestor zu und hindurch. Ein paar 100 Meter weiter wendeten wir und bogen dann in Richtung Englischer Garten ab. Bei Kilometer acht waren wir im Park und verließen ihn erst wieder nach Kilometer 15. Ich hatte mich vorher gefreut, als ich den Plan der Laufstrecke gesehen hatte. Doch für mehr als 6.000 Läufer ist auf Parkwegen leider nur begrenzt Platz. Da ich mich inzwischen einigermaßen eingelaufen hatte, kämpfte ich mich auch wieder ein bisschen vorwärts. Doch es dauerte, bis ich den ersten Vier-Stunden-Zugläufer mitsamt seiner Anhängerschaft überholt hatte. Im Park übrigens ein oder zwei Zuschauer, als wir den Park verließen immerhin eine Handvoll. Bei der Halbmarathonmarke, die wir im Stadtteil Bogenhausen passierten, hatte ich eine Zeit von 1:59 Stunden, war also im gleichen Tempo wie in Karlsruhe und Bremen unterwegs. Ich war gespannt, ob ich mich auch wieder so steigern würde wie jeweils dort.

Weiterhin fiel es mir schwer, einen Bezug zur Stadt, zur Strecke oder zu den Zuschauern zu bekommen. Ich lief eben. Manchmal ist es einfach nicht mehr. Aber meistens reicht mir ja das. Aber um Dir noch ein paar Details zu schildern, dafür reicht es dann eben nicht.

Bei Kilometer 30 liefen wir am Isartor vorbei, bei Kilometer 33 umrundeten wir den Marienplatz. Und jetzt endlich war Stimmung, ich in Stimmung, wie auch immer. Nach dem Zieleinlauf telefonierte ich mit meinem Vater und erzählte, dass es nur zwischen Kilometer 30 und 36 Zuschauer gab. Das war eben jetzt hier. Danach befanden wir uns wieder auf dem Weg Richtung Siegestor, bogen aber an der Universität noch einmal ab und drehten eine etwa vier Kilometer lange Runde durch die Maxvorstadt. Beim Beenden dieser Runde betrachtete ich zufrieden die Läufer hinter mir. Was gibt es Schöneres als Läufern, die 30 Kilometer hinter sich haben, in die Gesichter zu blicken? Kein Außenstehender kann verstehen, warum sie sich so quälen. Und noch mehr Spaß macht es, wenn man sich selbst nicht ganz so beschissen fühlt.

Bei Kilometer 37 passierte ich dann zum dritten Mal das Siegestor. Ich war mir nun sicher, dass ich wieder unter vier Stunden laufen würde; den zweiten Vier-Stunden-Zugläufer hatte ich kurz nach der Halbmarathonmarke überholt. Leider gab es auf den letzten vier Kilometern wieder so gut wie keine Zuschauer. Was ist an diesen Punkten in Hamburg am Eppendorfer Baum und in Berlin am Potsdamer Platz los, dachte ich. Dann aber sah ich das Olympiastadion. Die Müdigkeit der ersten fünf Kilometer kehrte zurück, doch ich ließ nicht mehr locker. Die Hälfte meiner zehn Marathons unter vier Stunden zu laufen, das hatte ich mir irgendwann überlegt. Nun blieb ich also beim achten Marathon schon zum fünften Mal unter dieser Zeitgrenze. Schließlich folgte der Einlauf ins Stadion. Bisher habe ich noch keinen Einlauf in ein Stadion erlebt, der mit dem ins Berliner Olympiastadion zu vergleichen ist. Denn dort läufst du etwa 150 Meter unter den Tribünen entlang, bevor du ins Stadion einbiegst. Auch in München war der Tunnel viel kürzer, aber die Stimmung, meine und die aller, war großartig. Wir durften fast noch eine komplette Runde durchs Stadion genießen, bevor wir den Zielstrich passierten. Dies tat ich nach 3:58:10 Stunden.

Nach Münster war München nun der zweite Marathon, der mich nicht so sehr überzeugt hat. Aber vielleicht muss ich aus genau diesen Gründen, dort noch einmal laufen. Wenn einem Dinge bekannt sind, kann man sich vielleicht besser auf sie konzentrieren. Vielleicht war ich in beiden Fällen auch einfach zu müde und angeschlagen und dadurch in meiner (Lauf-) Welt, in der ich die Außenwelt nicht so sehr wahrnehmen kann. Wir werden sehen. Ich freue mich auf Dresden am nächsten Sonntag. An der Elbe entlang, auf die Altstadt zu… Großartige Ansichten, großartige Aussichten.

Dein S.

9. Dresden (21. Oktober 2012)

Berlin, den 26. Oktober 2012

Lieber B.!

Vor dem München-Marathon dachte ich, dass ich danach vielleicht das Gefühl habe, langsam einen Endspurt ansetzen zu können. Da der vorletzte Marathon in Dresden durch die Nähe zu Berlin mit weniger Aufwand verbunden war und der Frankfurt-Marathon den Abschluss bildet, hatte ich überlegt, dass ich mich so fühlen könnte. Doch der Respekt vor noch zwei weiteren Marathons an den nächsten beiden Sonntagen war groß und das Gefühl stellte sich nach dem München-Wochenende noch nicht ein.

So beschloss ich erstmal, erst am Sonntagmorgen nach Dresden zu fahren. Ich wollte gerne mal wieder am Samstag zu Hause sein. Ich fuhr dann gegen sechs Uhr mit dem Auto zu meinen Eltern, denn sie wollten mich bei diesem Ausflug begleiten. Eine halbe Stunde später stand ich vor ihrer Tür, stieg aus und klingelte. Als ich wieder ins Auto einsteigen wollte, fuhr es mir in den Rücken. Zerrung? Nerv eingeklemmt? Ich wusste es nicht. Ich wusste nur, ich hatte dieses Problem schon ein paar Mal und deswegen auch schon einmal den Hamburg-Marathon absagen müssen. Ich quälte mich trotzdem ins Auto und hoffte, wenn wir zwei Stunden später in Dresden wären, ginge es wieder besser. Dem war aber nicht so. Als ich wieder ausstieg, zuckte ich zusammen. Meine Mutter äußerte, dass das wohl heute nichts wird.

Die Woche über hatte ich mich gut gefühlt, war am Samstag noch 40 Minuten locker gelaufen und hatte geglaubt, dass ich diesen Marathon erneut unter vier Stunden laufen könnte. Als ich in Münster noch die Nachwirkunken des Triple-Ultra-Triathlons spürte und als ich in Berlin mit schmerzendem Arm lief, hatte ich gedacht, dass nur ein Ausfall, meine ganze Reise beenden würde. Ich war mir sicher, wenn ich eine Station ausließ, hätte ich keine Motivation mehr, weiterzumachen. Konnte ich also jetzt Marathon Nummer neun ausfallen lassen, um dann nächste Woche in Frankfurt den Abschluss trotzdem genauso laufend zu feiern? Nein.

Ich holte meine Startnummer ab und suchte auf der Messe einen Stand auf, wo man mir ein Kinesiotape aufklebte. Normalerweise wirkt es erst in circa zwei Stunden, sagten sie. Der Start war allerdings schon in 30 Minuten. Beim Umziehen schaffte ich es kaum, meine Hose zu wechseln und die Schuhe zu schnüren. Als ich zur Startlinie ging, zuckte ich immer wieder zusammen; immer wieder fuhr ein stechender Schmerz durch meinen Rücken.

Um zehn Uhr ging es los. Etwa 8.000 Starter, davon 1.400 auf der Marathonstrecke, die anderen verteilten sich auf eine Zehn-Kilometer-Runde und den Halbmarathon. Ich war bereits zweimal in Dresden gelaufen und beide Male hatte ich mich beschissen gefühlt. Heute also wieder. Ich überquerte die Startlinie nach knapp zwei Minuten, sah meine Eltern, winkte ihnen und schüttelte gleichzeitig den Kopf. Wie immer hatte mich in die Mitte des Starterfeldes gestellt. Doch ich wurde gnadenlos überholt. Nach 300 Metern war ich wegen der Rückenschmerzen schon unzählige Male zusammengezuckt und als die erste Kurve kam, dachte ich, gleich hier auszusteigen. Konnte mein Traum so schnell zu Ende sein? So plötzlich?

Ich ließ mich weiter überholen und beschloss, so lange zu laufen, bis ich Letzter war. Außerdem wollte ich die Zeit des ersten Kilometers abwarten, um zu sehen, was mich heute erwarten würde. Nach knapp sieben Minuten hatte ich ihn erreicht. Wenn ich dieses Tempo beibehielt, könnte ich diesen Marathon in etwa fünf Stunden beenden. Hauptsache durchkommen, damit der Start nächste Woche in Frankfurt Sinn macht und die Reise erfolgreich endet, dachte ich.

Dann aber merkte ich, dass ich immer weniger überholt wurde. Dann plötzlich überholte ich wieder einige, die gerade noch an mir vorbeigezogen waren. Wirkte das Pflaster oder hatte ich wie beim Berlin-Marathon eine Körperhaltung gefunden, in der der Schmerz auszuhalten war? Den zweiten Kilometer lief ich fast eine Minute schneller und konnte nun auch endlich den Kopf aufrichten. Über die Augustusbrücke auf die Altstadt zu, diesen Anblick kann keine andere Stadt und kein anderer Marathon bieten. Dahinter dann Kilometer drei, am Elbufer entlang und ich spürte, dass ich ins Ziel kommen könnte.

Nach Kilometer vier bogen die Zehn-Kilometer-Läufer ab und wir hatten mehr Platz. Nach 5 Kilometern war ich seit 30:25 Minuten unterwegs. Ich hatte also etwa zwei Minuten verloren, aber den 4:30-Stunden-Zugläufer schon hinter mir gelassen. Dann bogen wir vom Elbufer in die Fetscher Straße ab und liefen auf den Neuen Garten zu. Auf einem kurzen Abschnitt kamen uns schon die ersten Halbmarathonläufer entgegen. Vor dem Neuen Garten bogen wir erneut ab und umrundeten den östlichen Teil, bevor wir im westlichen Teil durch den Park liefen. Trommelbands - oder wie auch immer sie sich nennen - gab es hier übrigens so viele wie in keiner anderen Stadt. Auch bei Kilometer zehn stand eine. Ich hatte diesen Abschnitt in meinem üblichen Tempo absolviert und begann zu träumen. Irgendwann würde ich am Horizont die Vier-Stunden-Läufer sehen, einholen und hinter mir lassen.

Nach Kilometer elf waren wir im Park, verließen ihn nach drei Kilometern wieder, kamen zurück auf die Fetscher Straße und bogen bei Kilometer 15 in Richtung Altstadt ab. Zwar zuckte ich immer mal wieder zusammen, wenn ein stechender Schmerz kurz durch meinen Rücken fuhr, aber ich hatte nicht das Gefühl, dass ich meinem Körper zu viel zumutete. Nur manchmal hätte ich gerne gewusst, was die Läufer in meiner Nähe dachten, wenn ich so eine Art Ausfallschritt machte.

Dann überquerten wir die Elbe über die Carolabrücke, liefen eine kurze Runde und bogen an der Albertbrücke erneut ans Elbufer ab. Über einen Kilometer lang hatten wir jetzt die Dresdner Altstadt in unserem Blick. Schon viel zu lange bin ich hier nicht mehr gelaufen. Mein letzter Start beim Dresden-Marathon war vor sieben Jahren, der beim Oberelbe-Marathon sogar vor acht. Bei solchen Ausblicken vergisst du jeden Schmerz. Dazu schien noch die Sonne und wie an den letzten vier Sonntagen hatte ich wieder bestes Laufwetter mit etwa 15 Grad.

Um übrigens auch das wieder zu erwähnen, Dresden ist Deutschlands zwölftgrößte Stadt mit circa 530.000 Einwohnern im Jahr 2010. Sie liegt also genau hinter Leipzig und nur in diesen beiden Städten liefen wir als Marathonläufer zwei Runden.

Bei Kilometer 20 liefen wir zum zweiten Mal über die Augustusbrücke und ich hielt nach meinen Eltern Ausschau. Kurz hinter der Brücke sah ich sie, reckte den Daumen nach oben und sagte, dass ich in etwa vier Stunden ins Ziel kommen würde. Ich verschwieg, dass ich sogar anpeilte, unter dieser Marke durchzukommen. Schließlich trennten sich die Halbmarathonläufer von uns und liefen ins Ziel, während wir auf die zweite Runde gingen. Jetzt war die Strecke natürlich deutlich leerer, aber nicht so leer, wie ich es erwartet hatte. Nach 2:01:11 Stunden hatte ich die Hälfte geschafft. Zog ich die zwei Minuten ab, die ich zu Beginn verloren hatte, war es in etwa die gleiche Durchgangszeit wie in Karlsruhe, Bremen und München.

Da der Schlenker durch die Altstadt nun ausfiel, liefen wir weiter am Elbufer entlang und drehten im Stadtteil Blasewitz eine Runde, bis wir bei Kilometer 27 wieder in die Fetscher

Straße abbogen. Auf diesem Abschnitt gab es so gut wie keine Zuschauer und ein bisschen konnte man hier die Einsamkeit des Langstreckenläufers fühlen. Ich genoss sie. Schließlich erreichte ich am Neuen Garten Kilometer 30 und hatte nun die letzte Minute, die mir fehlte, um unter vier Stunden ins Ziel zu kommen, aufgeholt. Auf der Rückseite des Parks beim Verpflegungspunkt bei Kilometer 32 trank ich einen Becher Tee und ließ einige Läufer, die jetzt Gehpausen machten, hinter mir. Dann bog ich in den Park ab und plötzlich war der Einbruch da. Ich bekam Seitenstechen und nur noch schlecht Luft. Ich nahm ein bisschen Tempo raus, doch ich hielt nur noch bis Kilometer 34 durch. Am Ende des Parks musste ich eine Gehpause machen. Ich hatte mir zu viel zugemutet und doch ein zu hohes Tempo eingeschlagen. Was aber noch schlimmer war, beim Gehen spürte ich die Rückenprobleme viel mehr als beim Laufen.

Bei Kilometer 35 hatte ich für die letzten 7,2 Kilometer noch 40 Minuten Zeit, um unter vier Stunden zu bleiben. Normalerweise hätte ich das schaffen können. Aber normal war heute nichts. Immerhin konnte ich wieder laufen und musste keine weiteren Gehpausen machen. Ich lief nur etwa eine halbe Minute pro Kilometer langsamer. Nach knapp über vier Stunden ins Ziel zu kommen, war aber nach dem, was heute Morgen passiert war, immer noch hervorragend. Natürlich wurde ich jetzt auch wieder überholt. Doch irgendwie gönnte ich es jedem einzelnen, an mir vorbeizuziehen. So oft war ich in den letzten Wochen derjenige, der an den anderen vorbeilief und sich daran aufbaute, sich besser als sie zu fühlen. Heute gab ich eben mal die Rolle des Geschlagenen, damit sie sich an mir aufbauten.

Dann bog ich wieder von der Fetscher Straße in Richtung Altstadt ab, erreichte Kilometer 37, trank kurz Wasser, kämpfte weiter, kam zur Carolabrücke und bei Kilometer 39 wieder ans Elbufer. Jetzt konnte ich diesen Anblick nicht mehr genießen. Jetzt war ich so fertig wie bei keinem meiner Marathonstarts in diesem Jahr. Als ich kurz nach Kilometer 40 vom Elbufer abbog, musste ich fast stehen bleiben. Ich hatte mich vollkommen übernommen und erreichte gerade noch einen anderen, der auch ging. Ein Zuschauer wollte uns aufmuntern. Aber es ging nichts mehr. Kopf- und Rückenschmerzen, Magenprobleme. Eine Zeitlang wusste ich nicht, ob ich den letzten Becher Wasser noch bei mir behalten konnte oder wieder aufs Pflaster spucken würde. Erst nach 200 Metern Gehpause setzte ich mich wieder in Bewegung und starrte nur noch auf das Pflaster vor mir beziehungsweise unter mir. Ich lief zum dritten Mal über die Augustusbrücke und hoffte inständig, dass mich kein Zuschauer ansprach und aufmuntern wollte. Hinter der Brücke folgten noch zwei Kurven bis zum Ziel. Sie nahmen kein Ende. Dann wagte ich einen letzten Blick auf die Uhr. 4:05 Stunden. Wenigstens schneller als in Duisburg, dachte ich. Als ich auf die Zielgerade einbog, lehnte sich ein Zuschauer weit über das Gitter, um mich abzuklatschen. Ich konnte gerade noch meine Hand ausstrecken. S., dachte ich, du hast Marathon Nummer neun geschafft. Du bist nicht nur hier auf der Zielgeraden, du bist auf der Zielgeraden deiner ganzen Marathonreise. Aber es kam nicht in meinem Herzen an.

Ich sah meine Eltern rechts neben der Absperrung stehen, winkte und überquerte nach 4:07:02 Stunden den Zielstrich. Ein paar Sekunden schneller als in Duisburg, aber drei Sekunden zu langsam, um auch mal eine Zeit von 4:06 Stunden in meine Liste einzutragen. Beim Umziehen schmerzte alles. Ich wollte mich kurz setzen, aber auch das schmerzte. Lieber schnell ins Auto, nach Hause und in die Badewanne.

Am nächsten Morgen quälte ich mich wie immer um kurz vor drei Uhr aus dem Bett, fuhr zur Arbeit und erledigte sie mit den Rückenschmerzen so gut es ging. Ich durfte etwa eine Stunde früher Feierabend machen, fuhr gemächlich nach Hause und dachte wieder an meine Badewanne und an das Wärmepflaster, das ich mir besorgen würde. Die Woche über den Rücken schonen, mich überhaupt schonen, um in Frankfurt noch einigermaßen aufrecht ins Ziel zu laufen. Dies waren meine Gedanken, als ich mit dem Rad heimfuhr.

Etwa einen Kilometer vor meiner Wohnung geht es leicht bergab, die Straße ist neu asphaltiert, der Fahrradweg befindet sich neben zwei Fahrbahnen. Etwa 100 Meter vor einer roten Ampel standen schon die Autos und warteten. Zwischen den wartenden Autos kam eine Frau hervor und trat auf den Fahrradweg. Ich rief, ich schrie. Sie hörte nichts und sah sich nicht um. Ich wich ihr aus, blieb aber an ihrem Arm hängen und knallte aufs Pflaster. Bin ich gleich weg oder bleibe ich da? Ich blieb bei mir, aber einer Frau, die gleich zur Stelle war und mich bat aufzustehen, sagte ich, dass ich noch ein paar Minuten liegen bleiben müsse. Dann kam der Krankenwagen und ich ins Krankenhaus. Später wurde ich geröntgt. Schädelprellung mit Platzwunde, Prellung des rechten Oberschenkels mit Hämatomen, Hüftprellung.

Als ich in Dresden auf die Zielgerade, auf der man gewöhnlich den Endspurt vollzieht, eingebogen war, hatte ich immer noch nicht das Gefühl gehabt, dass ich meine Reise bald beenden würde. Es hatte natürlich an den Rückenschmerzen gelegen, die mich den Tag über gequält hatten. Von einem Endspurt war ich meilenweit weg gewesen. Dann ballen sich eben alle Gefühle nächste Woche in Frankfurt zusammen, hatte ich gedacht. Nun, mit Schädelprellung, mit geprellter Hüfte und geprelltem Oberschenkel, kann ich in Frankfurt nicht starten.

Was mich trotzdem zufrieden zurückschauen lässt, ist die Tatsache, dass ich (auch ohne den letzten Marathon) die Langfristigkeit dieses Unternehmens gemeistert habe. Wenn ich an meine Schulzeit zurückdenke, konnte ich mich nie am Beginn eines Jahres anstrengen, obwohl sich das ja am Ende ausgezahlt hätte. So gab es die Gefahr, dass ich dieses Projekt irgendwann abbreche, weil ich mich nicht rechtzeitig um die Anmeldung, die Fahrt oder die Unterkunft gekümmert hatte und vielleicht auch nicht genügend zusammengespart hatte, um mir das alles zu leisten. Nimmt man nun das Gegenteil von Langfristigkeit, so landet man vielleicht bei Spontaneität. Doch auch das würde ich nicht als eine meiner am meisten ausgeprägten Eigenschaften nennen. Ich lasse Dinge einfach auf mich zu kommen und reagiere, wenn ich reagieren muss. Daher freue ich mich, dass ich agiert und alles auf die Reihe bekommen habe.

Als ich 2009 das erste Mal beim Supermarathon über den Rennsteig mitlief, hörte ich ein Gespräch, in dem eine Läuferin ihrem Weggefährten erzählte, dass sie in diesem Jahr schon ihren x-ten Marathon lief. Ich glaube, ich habe Dir gegenüber das damals schon erwähnt. Ich dachte seinerzeit, dass sie doch gar nicht den Lauf heute genießen kann, weil sie gedanklich schon wieder beim nächsten Start sein muss. Jetzt weiß ich, dass so eine Abfolge möglich ist. Aber mehr als zehn Marathons müssen es meiner Meinung nach nicht sein. Ich jedenfalls brauche jetzt erstmal eine Pause. Denn man braucht Zeit, um zu verarbeiten, dass einem so viel Gutes widerfahren kann.

Vier Tage nach dem Unfall steht mir auch immer noch nicht der Sinn danach, übermorgen wieder Marathon zu laufen. Ich habe in diesem Jahr genug Schmerzen gehabt... Aber diese Schmerzen geben mir das Gefühl, lebendig zu sein und nicht abgestumpft in der Welt vor mich hin zu vegetieren. Jetzt aber möchte ich eine Zeit lang einfach nur dahinleben, möchte am Wochenende in Kneipen sein, Fußball sehen und Bier trinken und manchmal vielleicht erst im Morgengrauen nach Hause kommen. Bis ich in ein oder zwei Monaten genug davon habe.

Um meinen Endspurt allerdings bin ich betrogen worden.
Dein S.

Nachwort

Am 1. Dezember lief ich im hessischen Bad Arolsen noch einen Marathon im Jahr 2012 und kam dort ebenfalls nach 4:07 Stunden ins Ziel.

Meinen Start in Frankfurt konnte ich im Jahr 2014 nachholen und kam in der Festhalle in 3:54 Stunden ins Ziel.

Ich will doch nur durchkommen

Als Taschenbuch erhältlich

Triple-Ultra-Triathlon Lensahn 2011
ISBN 978-3-7583-0189-6

Zehn Marathons in zehn deutschen Großstädten 2012
ISBN 978-3-7583-1292-2

100-Meilen-Lauf Berlin 2015
ISBN 978-3-7543-5564-0

Der Depression davongelaufen (2021)
ISBN 978-3-7543-5192-5

Double-Ultra-Triathlon Lensahn 2023
ISBN 978-3-7578-8954-8

Swiss Alpine Marathon Davos 1993
Langdistanz-Triathlon Schwerin 1994
Ironman Roth 1997
Ironman Roth 1998
Ironman Roth 1999
Ironman Roth 2000
Ironman Roth 2001
Langdistanz-Triathlon Moritzburg 2003
Ostseeman Glücksburg 2004
Langdistanz-Triathlon Moritzburg 2005
Triathlon Challenge Roth 2006
Langdistanz-Triathlon Moritzburg 2007
6-Stundenlauf Bernau 2007
24-Stundenlauf Berlin-Weißensee 2007
Rennsteig-Supermarathon 2009
Langdistanz-Triathlon Moritzburg 2009
Langdistanz-Triathlon Moritzburg 2010
Swiss Alpine Marathon Davos 2010
6-Stundenlauf Bernau 2010
Mauerweg-Tour Berlin 2010
100-km-Lauf Grünheide/Kienbaum 2012
Triple-Ultra-Triathlon Lensahn 2012
Double-Ultra-Triathlon Neulengbach 2013
Langdistanz-Triathlon Moritzburg 2013
100-Meilen-Lauf Berlin 2013
Triple-Ultra-Triathlon Lensahn 2014
Mein 100. Marathon (2015)
Ironman Frankfurt 2022

Lorenz Paul

Anders

„Erinnerung kommt ja immer mit. Erinnerung bleibt nicht in
der Vergangenheit. Sie bleibt nicht dort, wo sie hingehört.
Und wenn man sie irgendwann wieder vor Augen hat, ist
man über ihre Wirklichkeit erstaunt."

Lorenz Paul *Anders* im Buchhandel erhältlich.
ISBN 978-3-7534-2496-5